建築設備
基本を学ぶ

大西正宜 編著　乾　孝士・大和義昭 著

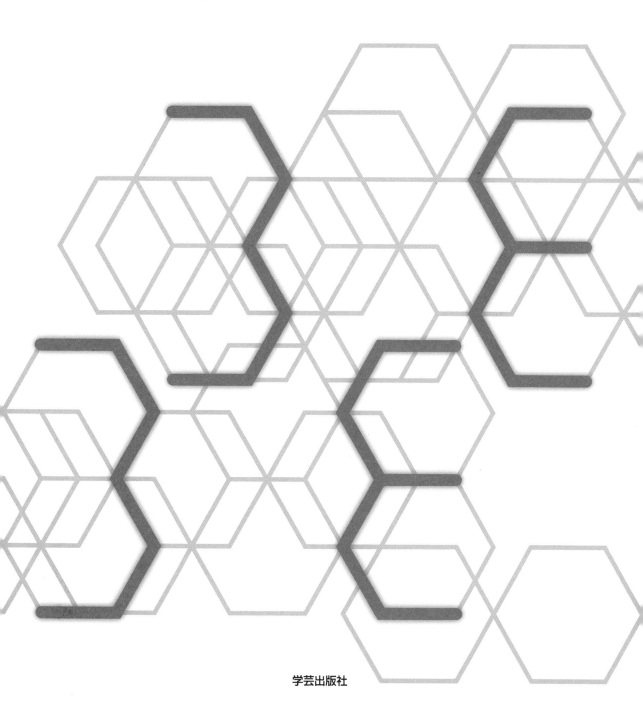

学芸出版社

は じ め に

　建築設備とは、建築物に設ける給排水設備、冷暖房設備、換気設備、電気設備、ガス設備、消火設備、排煙設備、汚物処理設備、昇降機、避雷針などをいう。建築設備は建築物にとって不可欠のものであり、これなしには建築物が建築物として成立しないといっても過言ではない。建築工事において、設備工事費の総工事費に占める割合を見ても、集合住宅・学校は約20％、事務所・店舗は約20〜40％、病院・福祉施設は約30〜50％となっている。

　建築設備は、人々の利便性・快適性の追求の中で生まれ、近現代に急速に発展・普及した。一方、この発展の過程は、エネルギー使用の増大と地球・都市の環境悪化の過程でもあった。今日では環境保全を抜きにした技術は語れず、建築設備においても高効率化と情報化などによる省エネルギー技術は日々進化を遂げている。建築技術者が設備を学ぶ意義はますます高まっている。

　本書は、建築を学ぶ学生や建築士の資格取得を目指す若い技術者などのためのものであり、建築技術者として知っておきたい建築設備の基本をまとめたものである。したがって、個々の建築設備について深く掘り下げて詳述することは避け、広い視野で全体をとらえ、過不足なく必要最小限の事項をわかりやすく記述するように努めた。本書を読み通すことで、「建築設備」の全体が概観できるものと確信しており、本書が初学者の皆さんに大いに役立つことを願ってやまない。

　本書の発刊に当たり、資料の提供を賜った皆様に深い感謝の意を表します。また、長期にわたる執筆の過程を根気強く見守り、適切な助言をいただいた㈱学芸出版社の編集部の皆様に厚く御礼申し上げます。

著者一同

1章　建築設備の概要 ……… 7

1・1　建築設備の必要性　8
- ❶建築物の備えるべき性能　8
- ❷建築設備の種類　9
- ❸建築設備の性能　10

1・2　地球環境と建築設備　12
- ❶地球環境の現状　12
- ❷サステイナビリティー（持続可能性）　14
- ❸省エネルギーの推進　15

2章　給排水設備 ……… 17

2・1　給排水設備の概要　18
- ❶給排水衛生設備の歴史　18
- ❷水資源　20
- ❸生活用水の流れ　21
- ❹飲料水の水質　21

2・2　給水設備　22
- ❶給水方式　22
- ❷水の使用量と給水圧力　24
- ❸水槽の構造・容量・材料　26
- ❹給水管　28
- ❺飲料水の汚染防止　30
- ❻給水設備の衛生管理　31
- ❼給水管径の計算　32

2・3　給湯設備　36
- ❶給湯の基本事項　36
- ❷給湯方式　38
- ❸給湯のための機器　40
- ❹給湯機器容量の計算　44

2・4　排水・通気設備　46
- ❶排水の基本事項　46
- ❷排水管　48
- ❸トラップと阻集器　52
- ❹各種排水用機器　55
- ❺通気方式　57
- ❻雨水の排水　59

2・5　排水の処理と利用　62
- ❶浄化槽　62
- ❷排水再利用　65
- ❸雨水利用　66

2・6　ガス設備　68
- ❶ガス設備の概要　68
- ❷ガスの種類　69
- ❸ガスの配管　70
- ❹ガス機器の給排気方式　70
- ❺ガスの安全装置　71

3章　空気調和・換気設備 ……………………………………73

3・1　空気調和・換気設備の概要　74
- **1** 空気調和とは　74
- **2** 暑さ・寒さの感覚と指標　75
- **3** 空気調和設備の基本構成　77

3・2　空気調和の基本事項　78
- **1** 湿り空気線図　78
- **2** 湿り空気の状態変化　80
- **3** 外気条件　82

3・3　空気調和方式　83
- **1** 全空気方式　83
- **2** 全水方式　85
- **3** 水－空気方式　86
- **4** 冷媒方式　86

3・4　空調設備を構成する機器　87
- **1** 熱源装置　87
- **2** 空気処理装置　92
- **3** 搬送装置　94
- **4** 制御装置　97

3・5　換気設備　98
- **1** 必要換気量　98
- **2** 換気設備の計画　99

3・6　冷暖房負荷　101
- **1** 冷房負荷計算　101
- **2** 暖房負荷計算　107

3・7　空気調和設備の省エネルギー計画　108
- **1** 省エネルギー性に配慮した空気調和設備の計画　108
- **2** 空気調和設備のシミュレーション　112
- **3** 省エネルギーに配慮した空調設備の運用・管理　112

4章　電気設備 ……………………………………113

4・1　電気設備の概要　114

4・2　電力設備　115
- **1** 電源設備　115
- **2** 配電方式　120
- **3** 配線工事　123
- **4** 動力設備　126

4・3　照明設備　128
- **1** 照明設備の基本事項　128
- **2** 光源の種類　129
- **3** 照明方式　129
- **4** 照明器具　130
- **5** 照明設計　130
- **6** 照明の点滅器　131

4・4　通信設備　132
- **1** 電話設備　132
- **2** LAN　133

❸インターホン設備　134
　❹拡声放送設備　135
　❺テレビ共同聴視設備　136

5章　防災設備 ……………………………………………………137
5・1　防災設備の概要　138
5・2　消火設備　139
　❶火災の種類と消火の原理　139
　❷屋内消火栓設備と屋外消火栓設備　139
　❸スプリンクラー設備　141
　❹特殊な消火設備　142
5・3　消火活動と避難に必要な設備　144
　❶連結送水管と連結散水設備　144
　❷非常コンセント設備と無線通信補助設備　144
　❸排煙設備　145
　❹ドレンチャー　146
　❺非常用照明と誘導灯　147
　❻避難器具　148
5・4　警報設備　148
　❶自動火災報知設備　148
　❷その他の警報設備　150
5・5　避雷設備　150
　❶避雷設備の設置　150
　❷避雷設備の構成　151

6章　搬送設備 ……………………………………………………153
6・1　搬送設備の概要　154
6・2　エレベーター　154
　❶エレベーターの種類　154
　❷エレベーターの構造　156
6・3　エスカレーター　157
　❶エスカレーターの種類　157
　❷エスカレーターの構造　158
6・4　駐車設備　158
　❶駐車施設とは　158
　❷駐車設備の種類　159
6・5　物品搬送設備　160
　❶小荷物専用昇降機　160
　❷ボックスコンベア・自走台車・気送管　160
6・6　福祉用移動設備　161
　❶福祉用移動設備とは　161
　❷福祉用移動設備の種類　162

索　引　163

1章　建築設備の概要

1・1　建築設備の必要性

1 建築物の備えるべき性能

　私たちが住み、学び、さまざまに利用する建築物は、どのような性能を備えておかなければならないだろうか。

　まず、その要件の第一は、構造的安全性と耐久性である。建築物は、自重と積載荷重を支え、地震や風圧力に対して軽微な損傷に留め、かつ倒壊しない構造とし、永い年月にわたってこの状態を保ち続けなければならない。

　第二は、災害に対する安全性である。火災が発生した場合に、建築物の被害を最小限に留めるために防火性や不燃性を高めるとともに、利用者の円滑な避難ができるようにしなければならない。また、落雷による火災や感電、情報機器の損傷などが起こることがないようにすることも重要である。

　第三は、日常安全性と防犯性である。建築物内における日常的事故は頻繁に起こり、転落や転倒などによる年間の死者数が交通事故を上回っている。また、外部からの侵入者による犯罪は後を絶たない。建築物内は最も安全な場所であるべきであり、空間の計画からディテールに至るまで、これらの安全性への配慮を欠いてはならない。とりわけ高齢社会においては、高齢者や障がい者が建築物を円滑に利用できるようにするための配慮が重要である。

　第四は、利便性である。建築物の内外空間を合理的に計画することによって、人と物がスムーズに流れ、使用者の利便が確保できる。

　第五は、快適性と保健性である。屋内空間の空気衛生の保持、温熱環境の調整、日照と採光の確保などにより、建築物内において、健康的かつ快適に過ごすことができるようにしなければならない。

❷建築設備の種類

建築設備は、建築物が備えるべき上記の性能を十分に発揮できるように補完するシステムであり、建築物の利便性、快適性、保健性、防犯性、避難安全性などを確保するために欠くことができないものである。建築設備には、表1・1に示すようなものがある。

1) 給排水衛生設備

給排水衛生設備は、飲料水などを供給し、汚れた水を排出する設備などであり、建築物の使用者の生理的要求から欠くことのできない設備である。給排水衛生設備は、給水設備、給湯設備、排水・通気設備、排水処理設備などからなる。

本書では、配管を使用するガス設備も給排水衛生設備に含めた。また、本書で防災設備として扱う消火設備は、配管を使用して水やガスを供給することから、給排水衛生設備として扱う場合が多い。なお、給排水衛生設備を単に「衛生設備」という場合がある。

2) 空気調和設備と冷暖房設備

空気調和設備と冷暖房設備は、建築物の内部を快適で衛生的に保つための設備である。空気調和設備は、温湿度調整のほかに空気清浄を行う設備であり、冷暖房設備は、温度または温湿度を調整する設備である。また、空気衛生を保つ装置として、主として外気と汚染空気を交換する換気設備がある。

本書では排煙設備を防災設備で扱うが、ファンやダクトなどの機器の共通性から、これを空気調和・換気設備として扱う場合がある。

表1・1 建築設備の種類

種　類		内　容	建築物を補完する性能
給排水衛生設備	給水設備	飲料水、雑用水などを供給する設備	保健性 快適性
	給湯設備	飲料、入浴、暖房などのために湯を供給する設備	
	排水・通気設備	排水を円滑に敷地外に排出する設備	
	排水処理設備	放流、または雑用水として使用するために、排水を浄化する設備	
	衛生器具	給排水設備の末端で使用される便器・洗面器などの器具	
	ガス設備	給湯・厨房機器・冷暖房機器などにガスを供給する設備	エネルギーの供給
空気調和・冷暖房・換気設備	空気調和設備	室の温度・湿度・気流汚染物質濃度などの調整を行う設備	快適性 保健性
	冷暖房設備	室の温度または湿度を調整する設備	
	換気設備	室内の汚染空気と外気を交換する設備	
電気設備	電力設備	照明や機器に電力を供給するための、電源・配線などの設備	エネルギーの供給 快適性 利便性 防犯性
	照明設備	人工光によって空間に明るさを提供する設備	
	通信設備	建築物内外において、文書・音声・映像などを伝達する設備	
防災設備	消火設備	自家の火災に備えてあらかじめ建築物に設置する消火のための設備	避難安全性
	消火活動上必要な設備	消防隊の消火活動が円滑に行えるようにする設備	
	避難・誘導設備	主として火災時に在館者の避難が円滑に行えるようにする設備	
	警報設備	主として火災時に在館者に危険を知らせ、消防に通知する設備	
	避雷設備	落雷の大電流を安全に地中に流すための設備	
搬送設備		人や物を鉛直方向または水平方向に移動させるための設備	利便性 日常安全性

3）電気設備

電気設備は、照明のほかほとんどすべての設備や情報機器、電気製品の電源となるもので、建築物とその使用者にとって必要不可欠な設備である。電気設備は、電力設備、照明設備、通信設備からなる。また、本書で防災設備として扱う警報設備と避雷設備、および独立の章として扱う搬送設備は、電気設備として扱う場合がある。

4）防災設備・搬送設備

防災設備は、火災などの発生・拡大を未然に防ぎ、また終息させることによって、人命を守り、建築物の被害を最小限に留めるための設備であり、消火設備、避難・誘導設備、警報設備、避雷設備などがある。

搬送設備は、建築物の利便性を高め、業務の合理性や生産性を高める設備であり、エレベーター、エスカレーター、駐車設備、物品搬送設備などがある。エレベーターなどの搬送設備は、特に高齢者・障がい者などの移動に際して、欠くことができない設備である。

3 建築設備の性能

建築物の機能を十分に発揮させるために設置される建築設備は、どのような性能を備えておかなければならないだろうか（表1・2）。

その第一は、やはり安全性である。設備の不具合によって重大事故を引き起こすことや、故障から火災に発展することもあり、設置時のみならず、運用期間中に事故が発生しないようにしなければならない（図1・1）。また、環境を汚染するような有害なガスや廃液が排出されないものでなければならない。

表1・2　建築設備の性能

性能	内容
安全性	設備の調整の不具合などによって事故を起こしたり、故障による発熱によって火災に発展することがないようにする。また、環境を汚染するような有害なガスや廃液などが排出されないものでなければならない。
操作性	操作が容易で使いやすいようにする。操作性がよいほど、誤操作による事故も起こりにくい。
保守性	設備自体を維持管理しやすい構造とし、建築物への設置においても保守・点検・修繕がしやすい構造とする。また、定期的な維持管理を行うことにより、不具合を未然に防ぐようにする。
経済性	設備の設置・運用・維持管理・廃棄・リサイクルにかかるコストができるだけ小さくなるようにする。一般に、運用時のコストが最も大きな割合を占め、また、運用期間が長いほどその傾向が強まる。また、耐久性を高めることや小型化によって設置スペースを小さくすることも、一般的に経済性を高める。
省エネルギー性	設備の運用時に消費するエネルギーを削減することにより、経済性を高め、環境への負荷を低減することができる。
更新性	設備自体を増設したり部分更新できるようにする。一般に、建築物の寿命に対して設備の寿命は短いので、設備の老朽化に伴う全面更新が容易に行えるような位置に設備スペースを設けるようにする。

図1・1　建築設備の安全性（中間水平部付きエスカレーター）

図1・2　電気設備の点検（提供：生和アメニティ）

第二は、操作性である。操作が容易で使いやすいほど利便性が高く、また、誤操作による事故も起こりにくいので安全である。

　第三は、保守性である。設備自体を維持管理しやすい構造とするとともに、建築物への設置においても保守性への配慮が必要である。また、定期的な点検・調整によって、不具合を未然に防ぐことができる（図1・2）。このような計画的で予防的な維持管理を、プリベンティブ・メンテナンスという。保守性を高めることは、安全性を高めることにつながる。

　第四は、経済性と省エネルギー性である。経済性については、設置から運用・維持管理・廃棄・リサイクルに至る「設備のライフサイクル」全体を考慮しなければならない。一般に、運用時のコストが最も大きな割合を占め、また、運用期間が長いほどその傾向が強まる。運用時のコスト削減のためには、建築設備の運転管理と自動制御を行って省エネルギー性を高める BEMS（Building and Energy Management System）が有効である。また、耐久性を高めることや小型化によって設置スペースを小さくすることも、一般的に経済性を高めることにつながる。

　第五は、更新性である。まず、設備の増設や部分更新ができなければならない。また、一般に、建築物の寿命に対して設備の寿命は短いので、設備の老朽化に伴う全面更新が容易に行えるような位置に設備スペースを設けることが重要である。図1・3は、この考え方に沿って、躯体部分と設備スペースを分離した「スケルトン・インフィル方式」の例である。

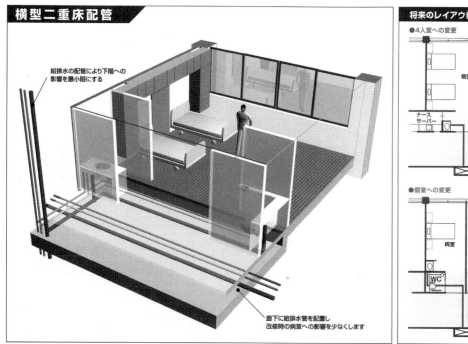

図1・3　スケルトン・インフィル方式の例（鹿島「可変ホスピタル」病棟編による）

1・2 地球環境と建築設備

■ 地球環境の現状

1）地球の温暖化

太陽エネルギーを受けて温度上昇した地表面は、宇宙空間に向けて放射熱を出すが、大気はその一部を吸収するので、地球は温室のように適度に保温される。これを温室効果という（図1・4）。二酸化炭素（CO_2）は温室効果が高いので、産業革命以前に約280ppmであった大気中のCO_2濃度が約390ppmに増加したことにより（図1・5）、1880年～2012年の約130年間で地球の平均気温は0.85℃上昇した。「気候変動に関する政府間パネル（IPPC）第5次評価報告書」では、CO_2排出量が最大となる場合のシナリオで、21世紀の終わりまでに平均気温は最大4.8℃上昇すると予想している。

地球の温暖化によって、アルプス、ヒマラヤ、アラスカなどの氷河や両極の氷が融解し、海面が上昇し、高緯度地方の永久凍土が溶けるなど、各地で深刻な影響が現れはじめている。また、植生の変化、アマゾンの砂漠化、農林漁業への打撃、降雨量の増大による洪水の頻発、熱帯性病原体の感染可能地域の拡大など、温暖化による環境の悪化は多岐にわたると予想されている。

2）オゾン層の破壊

フロン（CFC）は、人体に無害な化学物質として1928年に誕生し、空気調和設備の冷媒、断熱材の発泡剤、半導体の洗浄剤などとして使用され、大量に大気中に放出されてきた。放出されたフロンは成層圏に到達し、紫外線によってフロンから分離した塩素が次々にオゾン層を破壊する。オゾン量の減少によって地表に到達する紫外線量が増え、皮膚癌などの人体への影響や農林漁業への影響が懸念されている。

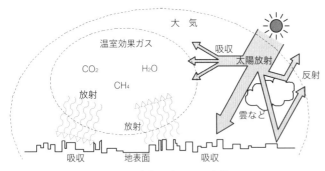

図1・4　温室効果ガスの温暖化効果

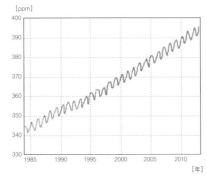

図1・5　二酸化炭素濃度の変化（気象庁HPによる）

図1・6　交通渋滞

フロンは、生産が中止され、オゾン層を破壊しない代替フロン（HFC）や炭化水素などに転換されている。しかし、大気中のフロンが数十年にわたってオゾン層を破壊し続けること、代替フロンにCO_2の数百倍以上の温室効果があることなど、すべての問題が解決されているわけではない。

3）大気汚染と酸性雨

工場や自動車などからは、日常的に硫黄酸化物、窒素酸化物、浮遊粒子状物質などが排出されている（図1・6）。これらによるわが国の大気汚染は、環境基本法に基づく環境基準（表1・3）によって規制されている。しかし、自動車の排ガスを原因とする沿道の二酸化窒素については、基準の未達成地域が少なからずあり、光化学オキシダントの基準達成率はきわめて低い。

大気汚染物質は、雨・雪・塵などに含まれて地表に降下するが、このうちpH5以下の酸性降下物を酸性雨という。酸性雨は、数千km離れた地域の大気汚染によってもたらされることもある。酸性雨による森林、土壌、河川、湖沼などの生態系への影響が懸念されている。

4）森林破壊

世界には38億haの森林があり、陸地の約30％を占めているが、1990年からの20年間で約1億3500万ha（日本の国土の約4倍）の森林が失われている（図1・7）。この原因には、森林の大規模火災、酸性雨による疲弊、商業用木材のための不適切な伐採、大規模農地の造成、ダム開発、道路建設などがある。また、温暖化によって気候が変動し、アマゾンの大部分が砂漠化することも予想されている。

森林は、多様な生物の生息地であるとともに、CO_2の吸収源でもある。したがって、森林破壊による生態系の破壊と温暖化の進行をくい止めるために、森林の保全は重要である。

表1・3 大気汚染に関する環境基準

大気汚染物質	環境上の条件
二酸化硫黄	1時間値の1日平均値が0.04ppm以下であり、かつ、1時間値が0.1ppm以下であること。
一酸化炭素	1時間値の1日平均値が10ppm以下であり、かつ、1時間値の8時間平均値が20ppm以下であること。
浮遊粒子状物質	1時間値の1日平均値が0.1mg/m³以下であり、かつ、1時間値が0.2mg/m³以下であること。
二酸化窒素	1時間値の1日平均値が0.04ppmから0.06ppmまでのゾーン内またはそれ以下であること。
光化学オキシダント	1時間値が0.06ppm以下であること。
ベンゼン	1年平均値が0.003mg/m³以下であること。
トリクロロエチレン	1年平均値が0.2mg/m³以下であること。
テトラクロロエチレン	
ジクロロメタン	1年平均値が0.15mg/m³以下であること。
ダイオキシン類	1年平均値が0.6pg-TEQ注/m³以下であること。
微小粒子状物質	1年平均値が15μg/m³以下であり、かつ、1日平均値が35μg/m³以下であること。

注 2,3,7,8-四塩化ジベンゾパラジオキシンの毒性に換算した値を示す。

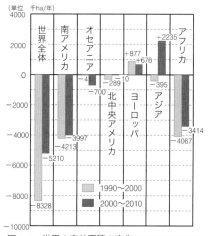

図1・7 世界の森林面積の変化（国連食糧農業機関「森林資源評価2010」による）

5) 都市のヒートアイランド現象

東京の年平均気温は、20世紀の100年間で約3℃上昇している。都市部では、エネルギー消費量およびその密度が大きく、建築物や道路など熱容量の大きいものが日射熱を吸収し、水分蒸発などで熱放出を行う緑地などの面積が少ないため、中心部ほど気温が上昇する。温度の等しい場所を線で結ぶと高温の都市部が島のように浮き上がるので、この現象はヒートアイランド現象と呼ばれている。都市中心部の高温となる範囲は、年々拡大している（図1・8）。

気温の上昇によって、夏期の冷房のための消費エネルギーが増大し、ヒートアイランド現象を加速するという悪循環が生じている。

❷ サステイナビリティー（持続可能性）

気象や生態系などの自然の循環のメカニズムは巧妙である。人間は、誕生から数百万年の間、この持続的に循環する生態系の一部として生活を営んできたが、しだいに自然の一部を改変し、農耕や牧畜を行い、文明を生み出し、都市を建設し、技術の進歩と生産の拡大によって生活の質を向上させていった。しかし、この行為の結果として生まれた20世紀の大量生産・大量消費・大量廃棄の社会構造は、前述したように、地球規模の環境破壊を引き起こした。

人間の営みは、自然の改変を不可避としているので、この営みが持続可能（サステイナブル）となるように、自然への負荷を最小限に留めなければならない。環境基本法においては、環境保全を人間の健康で文化的な生活に不可欠なものと位置づけ、社会経済活動などによる環境への負荷をできる限り低減し、持続的に発展する社会を目指すことを「環境の保全に関する基本理念」としている（表1・4）。

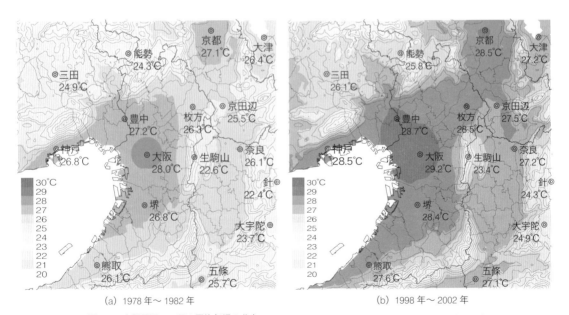

(a) 1978年〜1982年　　　(b) 1998年〜2002年

図1・8　大阪周辺の8月の平均気温の分布（森山正和編『ヒートアイランドの対策と技術』学芸出版社による）

3 省エネルギーの推進

建築設備は、建築物の機能を補完し、生活の質を向上させる上で不可欠ものであるが、同時に消費エネルギーを増大させる要因でもある。したがって、第一に、建築物自体の形態と材料を適切にすることによって、設備による補完を最小限にし、第二に、効率などの向上によって、建築設備の消費エネルギーを最小限にしなければならない（図1・9）。

1）省エネルギーの基準

「エネルギーの使用の合理化に関する法律（省エネルギー法）」では、「建築物に関する建築主の判断の基準」を示している。対象となる建築物は、事務所、物品販売店舗、ホテル・旅館、病院・診療所、学校、飲食店、集会所、工場などであり、これらの用途の建築物について、「新年間熱負荷係数（PAL*）」と「設計一次エネルギー消費量（E_T）」（表1・5）のガイドラインを定めている。

PAL*は、建築物の外周部（ペリメーターゾーン）における熱負荷（p.110参照）を減らすために設定されたものであり、一定の基準値を満足しなければならない。また、E_Tは、空気調和（AC）、機械換気（V）、照明（L）、給湯（HW）、昇降機（EV）の各設備の消費エネルギーを減らすために設定されたものであり、同規模・同用途の建築物について室用途、地域などを考慮して求めた基準一次エネルギー消費量（E_{ST}）を超えないことが求められる。なお、E_Tを求める場合には、売電しない太陽光発電設備などのエネルギー利用効率化設備による一次エネルギー削減量を減じることができる。

表1・4 環境保全に関する基本理念（環境基本法）

条番号・項目	第3条 環境の恵沢の享受と継承等	第4条 環境への負荷の少ない持続的発展が可能な社会の構築等	第5条 国際的協調による地球環境保全の積極的推進
条　文	環境の保全は、環境を健全で恵み豊かなものとして維持することが人間の健康で文化的な生活に欠くことのできないものであること及び生態系が微妙な均衡を保つことによって成り立っており人類の存続の基盤である限りある環境が、人間の活動による環境への負荷によって損なわれるおそれが生じてきていることにかんがみ、現在及び将来の世代の人間が健全で恵み豊かな環境の恵沢を享受するとともに人類の存続の基盤である環境が将来にわたって維持されるように適切に行われなければならない。	環境の保全は、社会経済活動その他の活動による環境への負荷をできる限り低減することその他の環境の保全に関する行動がすべての者の公平な役割分担の下に自主的かつ積極的に行われるようになることによって、健全で恵み豊かな環境を維持しつつ、環境への負荷の少ない健全な経済の発展を図りながら持続的に発展することができる社会が構築されることを旨とし、及び科学的知見の充実の下に環境の保全上の支障が未然に防がれることを旨として、行われなければならない。	地球環境保全が人類共通の課題であるとともに国民の健康で文化的な生活を将来にわたって確保する上での課題であること及び我が国の経済社会が国際的な密接な相互依存関係の中で営まれていることにかんがみ、地球環境保全は、我が国の能力を生かして、及び国際社会において我が国の占める地位に応じて、国際的協調の下に積極的に推進されなければならない。

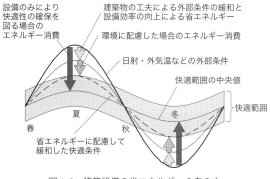

図1・9　建築設備の省エネルギーの考え方

表1・5　PAL*と設計一次エネルギー消費量による規制の目的と定義

種類	新年間熱負荷係数（PAL*）	設計一次エネルギー消費量（E_T）
目的	建築物の外壁・窓を通した熱損失の防止	建築設備の省エネルギー性能の向上
定義	$\dfrac{\text{屋内周囲空間の年間熱負荷（MJ）}}{\text{屋内周囲空間の床面積の合計（m}^2\text{）}}$	空調設備（AC）、換気設備（V）、照明設備（L）、給湯設備（W）、昇降機（EV）、事務機器等（M）による一次エネルギー消費量（E_{AC}、E_V、E_L、E_W、E_{EV}、E_M）の合計から、エネルギー利用効率化設備による削減量を減じた値（GJ）
備考	PAL*の基準値（p.108参照）を超えないこと	室用途、地域などによって求めた基準一次エネルギー消費量（E_{ST}）を超えないこと

2）省エネルギーの技術

建築設備における省エネルギー技術には、コージェネレーション、太陽エネルギー利用、燃料電池、未利用エネルギー利用、地域冷暖房、雨水利用・排水再利用などがある。

- **ⓐコージェネレーション**　一次エネルギーから2種類以上の二次エネルギーを同時に発生させることをいい、一般に、都市ガスなどの燃料を用いて発電し、その廃熱から蒸気や温水を得て、冷暖房や給湯に利用する。
- **ⓑ太陽エネルギー利用**　地表付近の太陽エネルギーは、垂直面で約$1kW/m^2$であり、太陽熱による給湯または太陽光発電（図1・10）として利用することができる。
- **ⓒ燃料電池**　水素を燃料とし、空気中の酸素と反応させて電気エネルギーを得る発電装置で、廃熱によって給湯などもできるので、一般にコージェネレーションシステムとして利用される。
- **ⓓ未利用エネルギー利用**　河川水、海水、地下水、下水などの水温は、夏期に気温より低く、冬期に気温より高いので、ヒートポンプ（p.92参照）の熱源として利用されている。ゴミ焼却熱、工場廃熱、雪氷冷熱なども、冷暖房の熱源などとして利用されている。
- **ⓔ地域冷暖房**　再開発地域などにおいて、1カ所の熱供給施設から複数の建築物に冷温水や蒸気を供給するシステムである。設備の集約による省エネルギー効果のほか、未利用エネルギーが利用しやすいなどの利点がある。
- **ⓕ雨水利用・排水再利用**　雨水や雑排水は、適切に処理することにより、便所の洗浄水、空調冷却水、散水、修景用水などに利用することができる（図1・11、図1・12）。

図1・10　太陽光発電設備の例（地球環境産業技術研究機構）

図1・11　雨水利用施設のある建築物の例（江戸東京博物館）

図1・12　雨水を修景用水として利用した例（地球環境産業技術研究機構）

2章　給排水設備

2・1　給排水設備の概要

水は、人々の生活に欠かせないものである。建築物の中に水を衛生的に供給し、また排出し、快適な生活をするための設備を給排水衛生設備といい、住宅においては、台所、洗面所、風呂、便所などに設置されている。

給排水衛生設備は、利用者にとって日常的に安全で利便的であり、また、火災や地震などの非常時にも機能できるものでなければならない。さらに、高齢社会への対応、人々の要求が向上することへの対応、循環型社会における省資源・省エネルギーへの配慮なども必要である。

❶給排水設備の歴史

古代ローマ時代には、図2・1、図2・2のような上水道の施設・設備が用いられていた。また、排水施設については、世界各地に文明発祥の頃の遺構がある。建築設備の中で、給排水設備は最も古いものである。

わが国の上水道は、16世紀末頃に現在の神奈川県の早川から小田原城下に引かれた「小田原早川上水」が最古とされている。徳川家康はこれにならい、江戸の都市基盤の一つとして神田上水を敷設した。

水道法3条には「水道とは導管およびその他の工作物により、人の飲用に適する水として供給する施設の総体をいう」とあるが、導管を使用し加圧して給水する水道事業は、わが国では明治時代の半ば、1887年に始まる。当時の横浜は、海を埋め立てて拡張したため良質の水に恵まれず、井戸水は塩分を含み飲用に適さなかったため、近代的な水道への期待が大きかった。横浜の近代水道は、川などから取り入れた水をろ過して、鋳鉄管などを用いて有圧で給水したもので、その後大都市を中心に各地に広がった。わが国の水道は、「いつでも水の出る衛生的な水道」となり、2012年度の統計では全国の97.7%に普及している。

図2・1　古代ローマ時代の給水設備の例
水道橋（スペイン、セゴビア）

図2・2　古代ローマ時代の給水設備の例
ポンペイの給水設備（イタリア、ナポリ近郊）

わが国における排水設備の歴史は、主として雑排水と雨水の排水の歴史である。弥生時代には、集落の防御を兼ねた水路が排水路になっていた。藤原京の時代には、雨水の排水のために200kmにも及ぶ道路の側溝がつくられていた。安土桃山時代には、豊臣秀吉によって「太閤下水」と呼ばれる下水施設がつくられた。明治時代に入り、コレラの大流行によって当時の東京府で5000名を超える死者を出した後、1883年に「水道溝渠等改良ノ儀」が出され、下水道の近代化が始まった。近代下水道の先駆けの一つとなった神田下水は、幅3尺、高さ4.5尺の卵形断面のレンガ製で、計画が途中で打ち切られたため総延長はわずか4kmであったが、その一部は現在も機能している。明治時代の半ばから整備された下水道は、下水の排除の機能しかもたなかったが、1922年（大正11年）には東京の三河島に排水処理場がつくられ、これ以降各地で排水の処理が行われるようになった。

江戸時代の半ば頃から屎尿は農作物栽培の肥料として取り引きされていたので、江戸、京都、大坂などの長屋などでは共同便所がつくられ、屎尿を収集し販売することもできた。第二次世界大戦後には、化学肥料の普及などから屎尿の利用価値が低下し、高度経済成長期には取り引きは行われなくなった。このため屎尿が周辺海域に投棄されるようになったが、現在では屎尿の海洋投棄は禁止されている。水洗便所と下水道の普及により、屎尿を含む汚水の多くは下水処理場で処理されるようになった。2012年の統計によると、下水道の普及率（処理人口普及率）は76.3%である（表2・1）。

表2・1 都市規模でみた下水道の整備状況 (国土交通省都市・地域整備局下水道部HPによる)

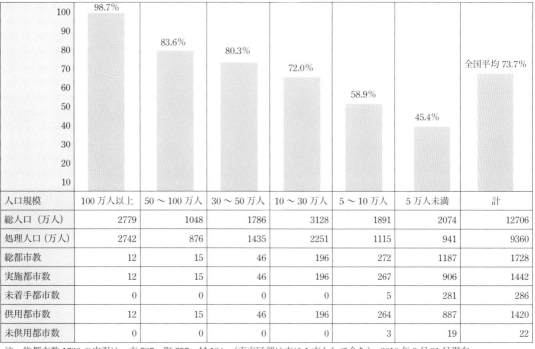

人口規模	100万人以上	50～100万人	30～50万人	10～30万人	5～10万人	5万人未満	計
総人口（万人）	2779	1048	1786	3128	1891	2074	12706
処理人口（万人）	2742	876	1435	2251	1115	941	9360
総都市数	12	15	46	196	272	1187	1728
実施都市数	12	15	46	196	267	906	1442
未着手都市数	0	0	0	0	5	281	286
供用都市数	12	15	46	196	264	887	1420
未供用都市数	0	0	0	0	3	19	22

注　総都市数1728の内訳は、市787、町757、村184（東京区部は市に1市として含む）、2010年3月31日現在。
　　総人口、処理人口は四捨五入を行ったため、合計が合わないことがある。

2 水資源

1）地球上の水量

地球上に存在する水の量は約14億 km³ であるが、そのほとんどは海水であり、淡水は約2.5%、3500万 km³ である。その淡水のうち、南北極や氷河の氷が70%弱、地下水が30%強を占めるので、河川や湖沼の水は約10万 km³、淡水の約0.3%、地球上の水の約0.01%しかない（図2・3）。

海水や陸上の水は、蒸発や樹木などからの蒸散によって大気に拡散し、雨や雪となって地表に降り注ぐ。この年間降水量は地球全体で約58万 km³ であり、このうち約12万 km³ が陸上に降る。陸上への降水のうち、蒸発散とわずかな地下水として流出する分を除く4.3万 km³ が河川などの表流水となる。

2）わが国の水資源

わが国の年平均降水量は約1690mmであり、世界の陸上の年平均降水量約810mmの2倍強である。しかし、この数値に国土面積を乗じ、人口で除した1人あたりの年間降水量で比較すると、わが国は約5000m³/人・年となり、世界の1人あたりの年間降水量約16400m³/人・年の3分の1弱となる。

降水量から蒸発散量を引いた量を水資源賦存量といい、人が理論上利用可能な量を示している。わが国の平均水資源賦存量は約4100億 m³ であるが、河川が急峻で短いうえ、降雨が梅雨と台風の時期に集中するので、水資源賦存量のうち水資源として利用されているのは20%程度である（図2・4）。なお、使用されている水の内訳は、農業用水67%、工業用水14%、生活用水19%程度である。

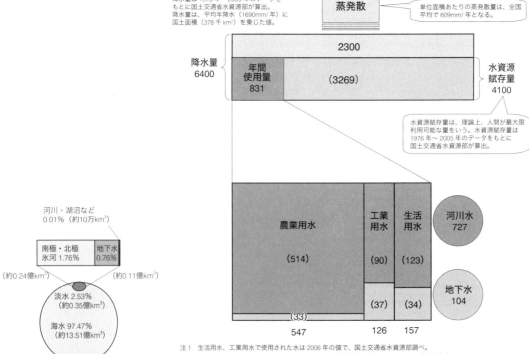

図2・3 地球上の水量（数値は「日本の水資源」による）

図2・4 わが国の水資源賦存量と使用量（国土交通省HPによる）

3 生活用水の流れ

水の流れには、河川・湖沼などの水源からの水を浄水場で処理し、飲料水などとして建築物に供給する給水側の流れと、建築物内で使用した水を下水処理場などで処理して河川・海域に放流する排水側の流れがある。河川から取水した水は導水管で浄水場に送られ、飲料水として使用できるように浄化される。この水は各地の配水池などに送水され、そこからポンプで加圧して配水管で建築物などの敷地まで送られる。また、建築物から出た使用済みの水や雨水は、終末処理場のある地域では、下水道などで処理場に送られ、衛生的に問題のない水質に処理された後、河川などに放流される。

4 飲料水の水質

飲料水は十分な安全性を保つよう、水道法によって水質基準が定められている（表2・2）。また、飲料水は浄水場の最終段階で塩素による消毒を行い、使用時に0.1mg/L以上の遊離塩素が残留していなければならない。

表2・2 飲料水の水質基準（厚生労働省令による）

項　　目	規　　制	項　　目	規　　制
一般細菌	100個/mL	ブロモジクロロメタン	0.03 mg/L 以下
大腸菌	検出されないこと	シス-1・2-ジクロロエチレン、ジクロロ酢酸、トランス-1・2-ジクロロエチレン	0.04 mg/L 以下
pH値	5.8〜8.6	六価クロム化合物、1・4-ジオキサン、マンガンおよびその化合物	0.05 mg/L 以下
味・臭気	異常でないこと		
色度	5度以下	クロロホルム	0.06 mg/L 以下
濁度	2度以下	ホルムアルデヒド	0.08 mg/L 以下
ジェオスミン、2-メチルイソボルネオール	0.00001 mg/L 以下	ブロモホルム	0.09 mg/L 以下
水銀およびその化合物	0.0005 mg/L 以下	ジブロモクロロメタン、総トリハロメタン	0.1 mg/L 以下
四塩化炭素	0.002 mg/L 以下		
カドミウムおよびその化合物	0.003 mg/L 以下	トリクロロ酢酸、アルミニウムおよびその化合物、陰イオン界面活性剤	0.2 mg/L 以下
フェノール類	0.005 mg/L 以下	鉄およびその化合物	0.3 mg/L 以下
セレン・鉛・ヒ素およびその化合物、シアン化物イオンおよび塩化シアン、トリクロロエチレン、テトラクロロエチレン、ベンゼン、臭素酸	0.01 mg/L 以下	塩素酸	0.6 mg/L 以下
		フッ素およびその化合物	0.8 mg/L 以下
		ホウ素・亜鉛・銅およびその化合物	1.0 mg/L 以下
1・1-ジクロロエチレン、ジクロロメタン、クロロ酢酸、非イオン界面活性剤	0.02 mg/L 以下		

注　上記のほか、硝酸態窒素、亜硝酸態窒素、ナトリウムおよびその化合物、塩化物イオン、カルシウム・マグネシウム等（硬度）、蒸発残留物、有機物等について規制値が定められている。

2・2 給水設備

　浄水場から送り出された水は、配水施設を経由し、建築物の敷地の手前まで配水管（以降、水道本管という）で送られる。水道本管の水圧は、都市部の平均で300kPa（約3気圧）以上、最小箇所でも150～200kPa以上あり、これに管を接続して敷地内に給水する。この飲料水の水質は、末端の給水栓において先に示した表2・2の基準を満たさなければならない。

❶給水方式

　給水の方式には、水道本管に直結するものと受水槽を設けるものがあり、建築物の規模や用途に応じて選択する。水道直結方式には直結直圧方式と直結増圧方式があり、受水槽を設けるものには高置水槽方式、圧力水槽方式、ポンプ直送方式がある（図2・5）。

1）直結直圧方式

　直結直圧方式は、水道本管の水圧のみで給水するもので、一般に3階までの給水が可能である。最も水質が良好な方式であり、維持管理が容易である。比較的小規模な建築物では、タンク方式にするとその維持管理がおろそかになるおそれがあるため、一定規模の建築物がこの方式を採用できるよう、水道本管の水圧を高めて5階までの給水を可能としている地域もある。

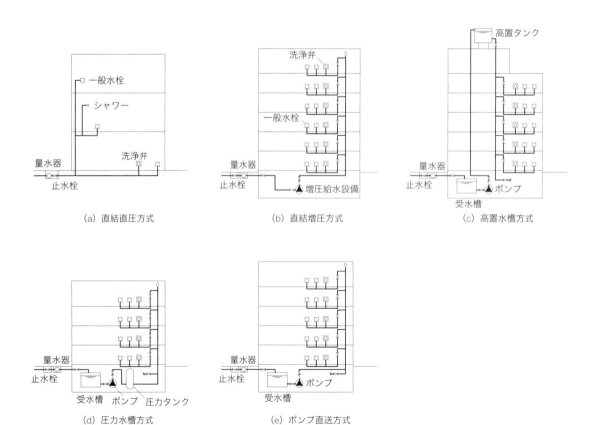

図2・5　給水方式

2) 直結増圧方式

直結増圧方式は、水道本管に加圧ポンプを直結し、水道本管の水圧だけでは給水できない高所への給水を可能とするものである。一般に、自治体により、5階または10階までの給水を可能としている。水を大量に使用する施設など、水道本管に影響を与える場合などは、この方式を採用できない。また、この方式には逆流防止装置の設置が不可欠である。

3) 高置水槽方式

高置水槽方式は、水道本管から供給される水を一旦受水槽に貯留し、揚水ポンプで屋上などの高置水槽に送り、重力によって各水栓などに給水する。断水時においては受水槽に貯留された水が利用でき、停電時においても高置水槽に貯留された水が利用できる。給水圧力の変動がほとんどないが、二つのタンクを経由するため水質が悪化しやすいので、定期的に清掃を行うなど、維持管理に注意しなければならない。

4) 圧力水槽方式

圧力水槽方式は、高置水槽方式と同様に水道本管から供給される水を一旦受水槽に貯留し、給水ポンプで圧力水槽に送って加圧し、各水栓などに給水する。断水時においては受水槽に貯留された水が利用できる利点があるが、使用量の増減による給水圧力の変動は大きい。なお、圧力水槽は屋上などにも設置することができる。

5) ポンプ直送方式

ポンプ直送方式は、高置水槽方式と同様に水道本管から供給される水を一旦受水槽に貯留し、給水ポンプで各水栓などに給水する。この方式には、流量に応じて定速ポンプの稼働台数を制御する方法とポンプの回転数を制御する方法、両者を組み合わせた方法がある。

各種給水方式の性能比較を表2・3に示す。

表2・3 給水方式の性能比較

給水方式	水質	給水圧力	維持管理	断水時	停電時	設備費	備考
直結直圧方式	◎	○	◎	×	○	◎	給水圧力は本管の圧力に依存する。
直結増圧方式	◎	◎	○	×	×	△	適用に制約がある。
高置水槽方式	△	◎	△	○	△	△	停電時には高置水槽の水が利用できる。
圧力水槽方式	○	△	△	○	×	○	給水圧力は圧力調整弁で調整する。
ポンプ直送方式	○	◎	△	○	×	△	―

2 水の使用量と給水圧力

1）水の使用量

　給水設備を構成する管や水槽の大きさ（径や容量）を決める場合、水がどのように使用されるかを予測しなければならない。1日の予想給水量は、季節、天候などによって変動するが、建築物の用途によって表2・4のような目安が示されている。また、飲料水と雑用水の系統を分離する場合は、飲料水の割合が、住宅で65〜80％、事務所ビルなどで30〜40％となることを考慮しなければならない。予想給水量を決定するにあたっては、計画時において十分な検討が必要である。また、単位時間あたりの水の使用量を予想する場合も、建築物の用途ごとに特徴的な変動を示すことを考慮する。

　1日予想給水量 V_d に基づいて、時間平均予想給水量 Q_h、時間最大予想給水量 Q_m、ピーク時予想給水量 Q_p を知ることができる。なお、時間最大予想給水量とは、1日のうち最大となる1時間の給水量であり、ピーク時予想給水量とは、1日のうち最大となる数十分間の時間帯における1分間の給水量である。これらを式で表すと、以下のようになる。

$$Q_h = \frac{V_d}{T} \ \text{[L/h]} \quad \cdots\cdots (2\cdot1)$$

$$Q_m = k_1 Q_h \ \text{[L/h]} \quad \cdots\cdots (2\cdot2)$$

$$Q_p = k_2 \frac{Q_h}{60} \ \text{[L/min}^{※}\text{]} \quad \cdots\cdots (2\cdot3)$$

ただし、T：1日平均使用時間　　$k_1 = 1.5 \sim 2$　　$k_2 = 3 \sim 4$

（学校や劇場などの場合、水使用が短時間に集中するので、k_1、k_2 の値はさらに大きくなる。）

表2・4　用途別単位給水量と使用時間

建築物の用途	単位給水量（1日あたり）	使用時間（h/日）
独立住宅	200〜400　L/人（居住者1人あたり）	10
集合住宅	200〜350　L/人（居住者1人あたり）	15
事務所・工場	60〜100　L/人（在勤者1人あたり）	9
学校	70〜100　L/人（児童・生徒・職員1人あたり）	9
ホテル	500〜6000　L/床（客用ベッド1床あたり）	12
百貨店	15〜30　L/m²（延べ面積1m²あたり）	10
病院	1500〜3500　L/床（入院用ベッド1床あたり）	16
劇場	25〜40　L/m²（延べ面積1m²あたり）	14
図書館	25　L/人（閲覧者1人あたり）	6

（数値は、『空気調和・衛生工学会便覧』第13版「4.給排水衛生設備設計篇」p.111による）

表2・5　給水器具の必要水圧

種類	必要水圧
給水栓	30kPa
洗浄弁	70kPa
シャワー	70kPa

※　min：分（minute）

2）給水圧力

末端の給水栓などにおいて、使用上の不都合が生じないよう、表2・5のような必要水圧（最小給水圧力）が確保されていなければならない。

直結直圧方式の場合、末端の給水栓などにおける水圧 P は、水道本管の水圧 P_0 から使用場所の高さに相当する水圧 P_H と給水管内の摩擦損失 P_L を差し引いたものとなり、この関係は次式で表される。

$$P = P_0 - P_H - P_L \quad \cdots\cdots (2・4)$$

このとき、P_H は高さ1mが約9.8kPaに相当し、P_L は管の種類と長さ、継手の数などによって決まる。

高置水槽方式の場合、最も不利になる給水栓は最も高い位置にあるものであり、ここにおける給水栓などの水圧は、高置水槽からの高さの差に相当する水圧 P_H から給水管内の摩擦損失 P_L を差し引いたものとなり、この関係は次式で表される。

$$P = P_H - P_L \quad \cdots\cdots (2・5)$$

ポンプを使用する方式の場合は、ポンプの能力が、末端の給水栓などにおける必要水圧、ポンプから最も不利となる給水栓などの高さに相当する水圧、給水管内の摩擦損失などを加えたもの以上でなければならない。

給水栓などにおける水圧は、高ければ高いほどよいというものではなく、一般に400～500kPa（住宅などは300～400kPa）を上限とする。高置水槽方式やポンプ直送方式などにおいて最高水圧がこれを上回る場合は、図2・6のようにゾーニングを行い、中間水槽や減圧弁を用いて水圧を調整する。

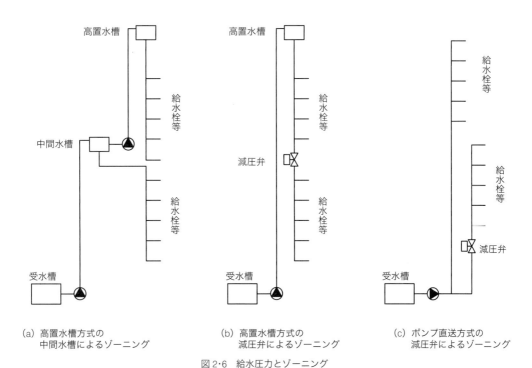

(a) 高置水槽方式の中間水槽によるゾーニング　　(b) 高置水槽方式の減圧弁によるゾーニング　　(c) ポンプ直送方式の減圧弁によるゾーニング

図2・6　給水圧力とゾーニング

3 水槽の構造・容量・材料

1）受水槽

受水槽は、水道直結方式以外の給水方式の場合に用いられるもので、水道本管から引き込み管を通して供給される水を一時的に貯留する。

ⓐ 構造　図2・7のように鋼板、ステンレス鋼板、FRPなどを成形したパネルを組み立てたものと、鋼板やFRPなどを材料とした一体型のものがある。内部は、断水せずに清掃できるように、2～3槽に分割するのが望ましい。水槽底部には勾配を設け、容易に排水できるようにする。また、飲料水用の受水槽の周囲には、図2・8に示すように、点検のための空間を設ける。

ⓑ 容量　1日予想給水量 V_d から使用時間中に引き込み管から供給される量を差し引いた値とする。一般に、1日予想給水量の3分の1から2分の1程度の容量とする。

2）高置水槽

高置水槽方式においては、受水槽から揚水された水は高置水槽に一時的に貯留する。水槽の位置は、最も高い位置にある水栓などに十分な水圧で供給できるような高さとする。

ⓐ 構造　受水槽と同様に、パネルを組み立てたものと一体型のものがある。高所に設置されるので、保守点検のための空間や手すりを設けるなど、安全に配慮する。

ⓑ 容量　ピーク時予想給水量 Q_p と揚水ポンプの揚水量などから決定される。一般に、時間平均予想給水量の4分の3から1程度の容量とする。

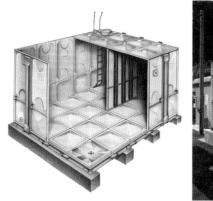

図2・7　パネル組立型の受水槽の例（三菱樹脂パンフレットより）

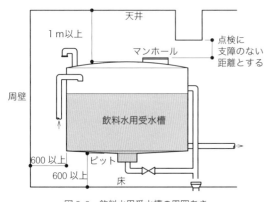

図2・8　飲料水用受水槽の周囲あき

3）圧力水槽

圧力水槽方式においては、受水槽から給水された水を圧力水槽に貯留し、槽内の圧力で各所に給水する。図2·9は、圧力水槽の外観である。

ⓐ **構造**　図2·10のように、圧縮機で圧力水槽内に空気を補給するもの、ポンプで給水する際に空気補給槽から圧力水槽内に空気を補給するもののほか、空気が水中に溶け込んで減圧するのを避けるために、特殊ゴム製の隔壁で水と空気を分離したものがある。

ⓑ **容量**　水槽の初圧、給水ポンプの給水量、給水ポンプの起動・停止時の設定内圧などによって決まる。初圧が高いほど水槽の容量は小さくすることができる。

4）水槽の材料

各種水槽の材料としては、鋼板、ステンレス鋼板、プラスチック、木材がある。

ⓐ **鋼板製水槽**　内面に防錆のためにアルミニウムや亜鉛を溶射したもの、亜鉛メッキを施したもの、エポキシ樹脂などでコーティングしたものがある。外面は金属溶射の上に耐候性材料で塗装する。

ⓑ **ステンレス鋼板製水槽**　耐食性に優れているが、腐食事例もあるので、防錆の措置が十分なものを使用する。

ⓒ **プラスチック製水槽**　ガラス繊維を基材としたFRPが多用される。軽量で、耐食性・耐候性に優れ、発泡プラスチックを心材としたサンドイッチ構造のものは断熱性・防露性に優れる。

ⓓ **木製水槽**　米ヒバ、ヒノキなどの耐久性に優れた材の心材や赤身材を用いる。耐食性・耐候性・断熱性・防露性に優れる。

図2·9　圧力水槽の例　(提供:山商エンジニアリング)

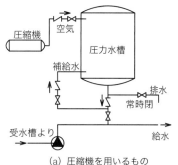

(a) 圧縮機を用いるもの

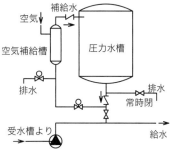

(b) 空気補給槽を用いるもの

図2·10　圧力水槽の方式

4 給水管

1）給水管の材料

給水管材料には、表 2・6 に示すものがある。

ⓐダクタイル鋳鉄管　強度・耐食性が高く、土中埋設に用いられる。腐食を防ぐため、内面はモルタルライニングされている。

ⓑ樹脂ライニング鋼管　強度が高い配管用炭素鋼管の内面を耐食性の高い樹脂でライニングしたもので、硬質塩化ビニルライニング鋼管、ポリエチレン粉体ライニング鋼管がある。

ⓒステンレス鋼管　軽量で耐食性が良好である。

ⓓ銅管　軽量で耐食性が良好である。柔らかく、曲げ加工が容易である。

ⓔ硬質塩化ビニル管　安価・軽量で、耐食性・耐薬品性は比較的良好であるが、強度と耐熱性に劣る。この欠点を補うものとして、強度を高めた耐衝撃性硬質塩化ビニル管や給湯に使用できる耐熱性硬質塩化ビニル管がある。

ⓕポリエチレン管　軽量で柔軟性があり、耐食性・耐衝撃性・耐寒性が良好である。緩やかな曲げに対応でき、土中埋設に用いることができる。

ⓖ架橋ポリエチレン管・ポリブデン管　軽量で柔軟性に富み、耐食性・耐衝撃性・耐熱性・耐寒性・耐薬品性が良好である。集合住宅の住戸内の分岐方式の配管や、図2・20（p.38）に示すようなさや管ヘッダ方式の配管などに用いられる。

表 2・6　給水管の種類

項目	種　類	配　管　名
金属	鋳鉄管	ダクタイル鋳鉄管
	樹脂ライニング鋼管	水道用硬質塩化ビニルライニング鋼管 水道用ポリエチレン粉体ライニング鋼管
	ステンレス鋼管	一般配管用ステンレス鋼管 水道用ステンレス鋼管
	銅　管	水道用銅管 建築配管用銅管 銅及び銅合金継目無管
樹脂	硬質塩化ビニル管	水道用硬質塩化ビニル管 水道用耐衝撃性硬質塩化ビニル管
	ポリエチレン管	水道用ポリエチレン管 水道用ポリエチレン二層管
	架橋ポリエチレン管	架橋ポリエチレン管 水道用架橋ポリエチレン管
	ポリブデン管	ポリブデン管 水道用ポリブデン管

2）弁

水の流量調節や遮断のために、給水機器の近傍には弁が用いられる。弁の種類には以下のようなものがある。

- **❶仕切り弁（ゲートバルブ）**　図2・11（a）に示すように、ハンドルを回すと弁棒が弁箱の中の円盤状の弁体を押し込み、水の流路を垂直に仕切る。
- **❷玉形弁（グローブバルブ）**　弁箱が球状であり、図2・11（b）に示すように、流路に平行に設けた隔壁に弁体を押し込んで水を遮断する。
- **❸ボール弁**　図2・11（c）に示すように、球状の弁体に流路方向に円筒状の穴が開いていて水が流れ、弁体が弁棒を軸に回転し、全開状態から90°回転すると完全に閉止する。
- **❹バタフライ弁**　図2・11（d）に示すように、弁箱の内径と同じ直径の円盤状の弁体が弁棒を軸に回転し、全開状態から90°回転すると完全に閉止する。
- **❺逆止め弁（チャッキバルブ）**　弁体が水の逆流を止める機能を有し、水の流れが一方向となる。図2・11（e）に示すスイング式と（f）に示すリフト式がある。

3）ウォーターハンマー

水栓や弁が急に閉じると、配管内の水流が停止し、閉止部分の上流側の水圧が急激に上昇する。上昇した圧力の波は、閉止部分と給水源との間を往復しながら減衰する。この圧力波は、配管などを振動させ、音を発することがあり、この現象を水撃作用またはウォーターハンマーという。ウォーターハンマーによって、配管や接続機器が破損することがある。

ウォーターハンマーは、流速が大きいほど起こりやすく、一般に、管内流速を2m/s以下にすると生じにくい。また、ウォーターハンマーを防止するために、圧力波を空気によって吸収するエアチャンバーと呼ばれる防止器を、閉止部分の上流側の近傍に取り付ける方法がある。

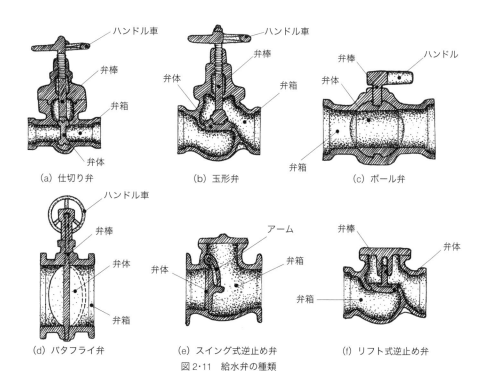

図2・11　給水弁の種類

5 飲料水の汚染防止

飲料水の汚染の原因には、クロスコネクションや逆サイホン作用などがある。これらは人命に関わる重大な事故につながるので、十分に注意しなければならない。

1）クロスコネクション

クロスコネクションとは、飲料水系統と井戸水、雑用水、排水などの飲料水以外の系統が誤って接合されることをいう。飲料水と井戸水とを接合した場合、弁の不具合によって水道本管に井戸水が流れ込むおそれがある。配管どうしの接続のほか、給水関係の機器を通して接続される場合もある。

2）逆サイホン作用

逆サイホン作用とは、給水栓などから一旦吐出され、排水されるべき水が、給水管内が負圧になることで給水管内に吸引される現象である。給水栓につないだホースがバケツなどの水に浸かっている場合、屋外の床埋め込み式の散水栓の収納箱が満水になっている場合、大便器の排水管が詰まって便器が満水になっている場合などは、逆サイホン作用が起こる危険性がある。

逆サイホン作用を防ぐ方法には、次のようなものがある。

ⓐ 吐水口空間の確保　洗面器などのあふれ縁から給水栓の蛇口（吐水口）までの高さや、受水槽などの飲料水槽への給水管の吐水口とオーバーフロー管までの距離を十分に確保する（図2・12）。

ⓑ バキュームブレーカーの設置　大便器洗浄弁などのように吐水口空間がとれない場合は、バキュームブレーカーを設置する。バキュームブレーカーは、給水管内が負圧になったとき、自動的に給水管側を閉止し、空気を吸引してバキュームブレーカーから吐水口までを大気圧に保って逆流を防ぐ。

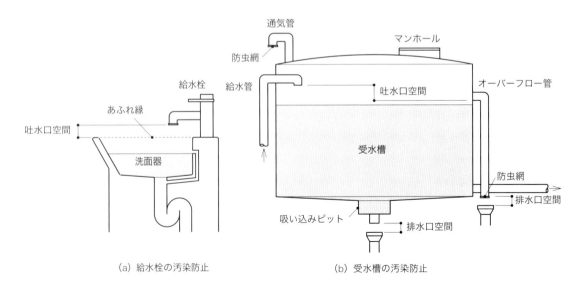

図2・12　吐水口空間

6 給水設備の衛生管理

　水道の種類は水道法によって定義されており、市町村などが行う水道事業による水道のほかに、専用水道と貯水槽水道（簡易専用水道、小規模貯水槽水道）がある。専用水道と貯水槽水道においても、一般水道と同等の水質を維持するために、水道法や条例などによって定期検査や清掃などが義務づけられている。

1）専用水道

　図 2・13 に示すように、井戸水などの自己水源から給水する水道施設をもつものや、水道事業者から水の供給を受けるもののうち次の①および②を満たすものを、専用水道という。

　① 101 人以上の者に居住に必要な水を供給する、または、1 日最大給水量が $20m^3$ を超える。

　② 受水槽の有効容量の合計が $100m^3$ を超える、または、口径 25mm 以上の導管の合計が 1500m を超える。

　なお、①の居住に必要な水とは、共同住宅・寄宿舎・社宅・療養所など、継続的に使用する施設において、飲用・炊事用・浴用・洗濯用などに使用するものをいう。また、②の受水槽容量には、周囲が点検可能な受水槽を含まず、②の導管は、地下にあるものや地表部分にあって地表からの汚染の影響を受ける部分に限る。

　専用水道には、水道法によって、届出・水質と施設の検査・消毒・従事者の健康診断などについて、水道事業者と同等の規制が定められている。

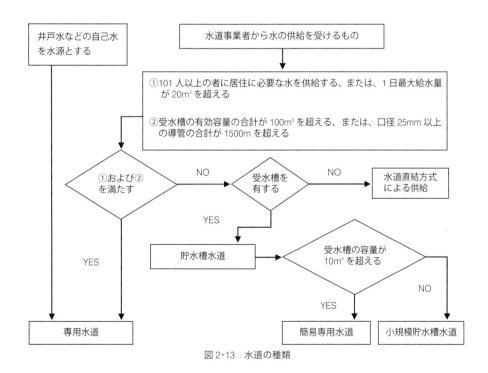

図 2・13　水道の種類

2）貯水槽水道

水道事業者から水の供給を受け、専用水道に該当しないもののうち、受水槽を有するものを貯水槽水道という。また、貯水槽水道のうち、受水槽の容量が$10m^3$を超えるものを簡易専用水道、$10m^3$以下のものを小規模貯水槽水道という。

簡易専用水道については、水道法により、色度・濁度・味・臭気などを日常的に検査するとともに、1年に1回以上の清掃と厚生労働大臣の登録検査機関で検査を受けることが義務づけられている。

小規模貯水槽水道については、条例などによって供給水の衛生を保つための措置が定められており、簡易専用水道と同様の管理や検査を行うことが望ましい。

7 給水管径の計算

給水栓などの末端器具において必要な水圧を得るためには、適切な管径としなければならない。各部分の管径は、給水管に接続されるいくつかの器具から同時に流れると予想される最大の給水量（瞬時最大給水流量）に対応できるように計算する。また、同じ流量を得る場合、管径が小さいと圧力損失が大きくなり、結果的に必要な水圧が得られなくなるので、計算にあたっては、許容できる単位長さあたりの圧力損失（許容圧力損失）を知らなければならない。また、ウォーターハンマーが起こりにくいように、流速が2m/s以下になるように管径を決定する。

表2・7 器具給水負荷単位

器具名	水栓	公衆用	私室用	器具名	水栓	公衆用	私室用
大便器	洗浄弁	10	6	連合流し	給水栓		3
大便器	洗浄タンク	5	3	洗面流し（水栓1個につき）	給水栓	2	
小便器	洗浄弁	5		掃除用流し	給水栓	4	3
小便器	洗浄タンク	3		浴槽	給水栓	4	2
洗面器	給水栓	2	1	シャワー	混合栓	4	2
手洗器	給水栓	1	0.5	浴室一そろい	大便器が洗浄弁による場合		8
医療用洗面器	給水栓	3		浴室一そろい	大便器が洗浄タンクによる場合		6
事務室用流し	給水栓	3		水飲器	水飲み水栓	2	1
台所流し	給水栓		3	湯沸し器	ボールタップ	2	
料理場流し	給水栓	4	2	散水・車庫	給水栓	5	
料理場流し	混合栓	3					
食器洗流し	給水栓	5					

（空気調和衛生工学会編「SHASE-S206-2009 給排水衛生設備規準・同解説」による）

1）瞬時最大給水流量

瞬時最大給水流量を求める方法には、水使用時間率と器具給水単位による方法と、器具給水負荷単位による方法などがある。

ⓐ 水使用時間率と器具給水単位による方法　器具給水単位とは、洗面器の流し洗いの流量（100kPaで14L/min）を基準流量1として、他の器具の流量を表したものである。また、水使用時間率は、ある器具の水使用時間をその器具の占有時間で除したものである。器具の設置個数、水使用時間率、器具給水単位などから、瞬時最大給水流量を求めることができる。

ⓑ 器具給水負荷単位による方法　表2・7に示す器具給水負荷単位に管径を決定する区間の各器具数を乗じて合計し、図2・14から瞬時最大給水流量を求める。たとえば、図2・15のような高置水槽方式による給水の場合、各枝管および主管の瞬時最大給水流量は次のようになる。

枝管 B-E、C-F、D-G および主管 C-D の器具給水負荷単位は、

表2・7より 10×2（大便器洗浄弁）＋5×3（小便器洗浄弁）＋2×3（洗面器給水栓）＝ 41

図2・14より瞬時最大給水流量は167L/minとなる。

主管 B-C の器具給水負荷単位は、41×2 ＝ 82、瞬時最大給水流量は235L/minとなり、

主管 A-B の器具給水負荷単位は、41×3 ＝ 123、瞬時最大給水流量は280L/minとなる。

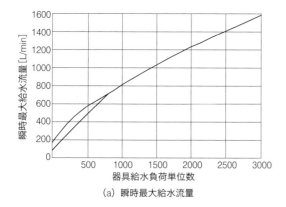

(a) 瞬時最大給水流量

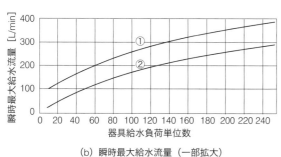

(b) 瞬時最大給水流量（一部拡大）

図2・14　瞬時最大給水流量の算定図（空気調和衛生工学会編「SHASE-S206-2009　給排水衛生設備規準・同解説」による）

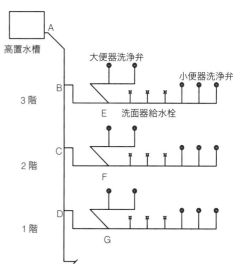

図2・15　瞬時最大給水流量の計算例の図

2）許容圧力損失

許容圧力損失 R は、次式で求めることができる。

$$R = \frac{P_H - P}{K(L + l)} \quad \cdots\cdots (2\cdot6)$$

P_H：静水圧（水が流れていないときの末端器具の水圧）

P：末端器具の必要水圧

L：主管の直管長

l：枝管の直管長

K：管路係数

管路係数は、継手や弁などによる圧力損失を考慮したもので、これらの圧力損失は直管部分の圧力損失の1～2倍となるので、Kの値は一般に2～3となる。

3）給水負荷単位による給水管径の計算例

図2・16に示す5階建て小規模事務所ビルについて、給水配管の各部の管径を求める。なお、給水管は硬質塩化ビニルライニング鋼管とする。

ⓐ 瞬時最大給水流量

E-F　器具給水負荷単位は10であり、図2・14（b）①より、瞬時最大給水流量は100L/min

D-E　器具給水負荷単位は20であり、図2・14（b）①より、瞬時最大給水流量は122L/min

C-D　器具給水負荷単位は22であり、図2・14（b）①より、瞬時最大給水流量は126L/min

B-C　器具給水負荷単位は24であり、図2・14（b）①より、瞬時最大給水流量は130L/min

A-B　器具給水負荷単位は24×5＝120であり、図2・14(b)①より、瞬時最大給水流量は280L/min

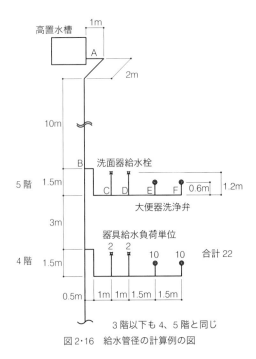

図2・16　給水管径の計算例の図

❶ 許容圧力損失

F 点洗浄弁の位置における静水圧 $P_H = (10 + 1.5 - 0.6) \times 9.8 = 106.8 \text{kPa}$

洗浄弁の必要圧力 $P = 70 \text{kPa}$

主管 A-B の直管長 $L = 1 + 2 + 10 = 13 \text{m}$

枝管 B-F の直管長 $l = 0.5 + 1.5 + 1 + 1 + 1.5 + 1.5 + 0.6 = 7.6 \text{m}$

継手などによる相当管長を直管長の 1 倍とすると、管路係数 $K = 2$ となる。

A-F の許容圧力損失 $R = (106.8 - 70) / 2(13 + 7.6) = 0.89 \text{kPa/m}$

❷ 給水管径　図 2・17 に示す硬質塩化ビニルライニング鋼管の流量線図を用いて管径を求める。A〜F のそれぞれの区間の瞬時最大給水流量について、流速が 2m/s 以下であり、圧力損失が許容圧力損失 0.89kPa/m 以下となる管径を採用する。

E-F　流量 100L/min より管径 40A、圧力損失 0.7kPa/m、流速 1.4m/s

D-E　流量 122L/min より管径 50A、圧力損失 0.27kPa/m、流速 0.97m/s

C-D　流量 126L/min より管径 50A、圧力損失 0.29kPa/m、流速 1m/s

B-C　流量 13L/min より管径 50A、圧力損失 0.3kPa/m、流速 1.05m/s

A-B　流量 280L/min より管径 65A、圧力損失 0.35kPa/m、流速 1.35m/s

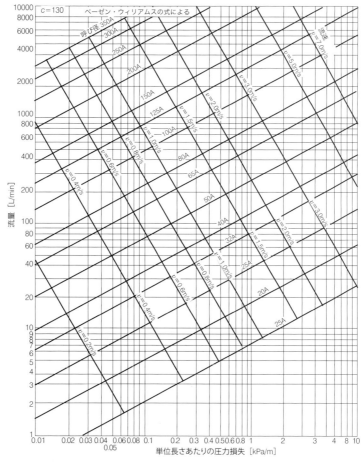

図 2・17　硬質塩化ビニルライニング鋼管の流量線図
(空気調和衛生工学会編「SHASE-S206-2009　給排水衛生設備規準・同解説」による)

2・3　給湯設備

建築物内において給湯を必要とする場所は、厨房・台所、浴室・洗面室、洗濯室・家事室、湯沸し室などである。給湯においては、使用目的に応じた水質、量、温度、水圧を確保できるように適切な計画を行わなければならない。

■ 給湯の基本事項

1) 湯の性質

ⓐ 水の体積膨張　水は、約4℃のときに密度が最大になり、同一質量の場合の体積は最小となる。水温が4℃を超えると、表2・8に示すように、同一質量の水の密度は減少し、体積は膨張する。加熱によって水の密度（kg/m³）が p_1 から p_2 に変化し、体積（m³）が V から $V+\Delta V$ に増加したとき、質量は不変なので、この関係は次式のようになる。

$$p_1 V = p_2 (V + \Delta V) \quad \cdots\cdots (2\cdot7)$$

したがって、膨張量 ΔV は、式 (2・7) を変形して次式のようになる。

$$\Delta V = \left(\frac{p_1}{p_2} - 1\right) V \quad \cdots\cdots (2\cdot8)$$

また、約4℃（3.98℃）の水を基準とした比体積（L/kg）は、図2・18のようになる。

ⓑ 温度上昇による圧力上昇　密閉容器内で満水状態の水が体積膨張したときの圧力上昇 ΔP は、次式のようになる。

$$\Delta P = K \frac{\Delta V}{V} = K \left(\frac{p_1}{p_2} - 1\right) \quad \cdots\cdots (2\cdot9)$$

　K：水の体積弾性係数（給湯温度範囲では $K = 1.92 \sim 2.28$ GPa）

表2・8　水の密度と体積膨張率

水温（℃）	密度（kg/m³）	体積膨張率（%）
0	999.84	0.016
4	999.97	0.003
10	999.70	0.030
20	998.20	0.180
30	995.65	0.437
40	992.22	0.784
50	988.04	1.210
60	983.20	1.709
70	977.77	2.274
80	971.80	2.902
90	965.32	3.593
99	959.06	4.269

体積膨張率は、3.98℃の水の体積を基準としている。

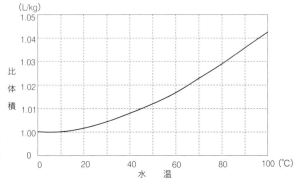

図2・18　水温と比体積

たとえば、10℃の水（999.8kg/m³）が密閉容器内で50℃の湯（988.0kg/m³）になると、圧力が約25MPa（大気圧の約250倍）上昇する。

ⓒ 溶存空気の分離　水に溶ける気体の量は、気体の種類によって異なり、また、多くの気体は水温が上昇すると溶解度が低下する（図2・19）。たとえば、10℃の水（溶解度2.4%）が50℃の湯（溶解度1.3%）になると、温度上昇によって空気が14%体積膨張するので、水の体積の1.44%（2.4%×1.14 − 1.3%）の空気が分離する。このように、常温付近の水を加熱すると、水に含まれている空気が分離して機器や配管中に滞留するので、機器の機能やスムーズな湯の流れを阻害するおそれがある。

ⓓ 体積膨張・空気分離への対応　給湯設備には、水温上昇に伴う体積膨張・圧力上昇・空気分離に対応するために、膨張管、膨張水槽、空気や圧力の逃し弁などを必要に応じて設置しなければならない。

2）給湯の温度

湯の使用温度は、使用目的によって異なり、表2・9のようになる。一般に、給湯温度は使用温度より高くし、使用箇所で水と混合して適切な使用温度とする。浴室の給水器具や子ども・高齢者が使用する水栓は、火傷を防止するために温度調節機能付きの混合水栓とすることが望ましい。

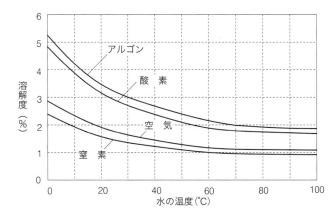

図2・19　気体の水に対する溶解度

表2・9　給湯温度

用　途	温度（℃）
飲料用	50〜55
浴槽用	42〜45
洗面・手洗い用	35〜40
厨房用	40〜45
食器洗い機用	60
洗濯用	33〜52
温水プール用	25〜28

（数値は、空気調和衛生工学便覧第13版4．給排水衛生設備設計篇による）

3）湯の水質

　湯は、上水を原水とするが、水温が上昇すると塩素の残留量が減少しやすく、配管内の滞留時間が長いと水質が悪化するおそれがある。したがって、給湯系統においては、末端の器具における遊離残留塩素濃度が 0.1mg/L 以上に保たれるようにする。

　また、給湯系統においては、レジオネラ菌による事故が懸念される。水の飛沫に含まれるレジオネラ菌が体内に取り込まれると、劇症肺炎などを発症するおそれがある。この菌は 30℃ から 40℃ の環境中ではよく繁殖するが、50℃ 以上では死滅するので、給湯系統の水温は、常時 55℃ 以上に保持する必要がある。

❷給湯方式

　給湯方式には、湯の使用箇所に加熱装置を設けて給湯する局所式と、機械室などに加熱装置を設けて配管によって各所に給湯する中央式がある。なお、住宅などで一つの給湯器から浴室・洗面・台所などに給湯する方式は住戸中央式と呼ばれるが、一般に局所式に分類される。

　給湯方式の採用にあたっては、建築物の用途・規模、各箇所における使用温度、湯の使用量など、具体的な使用形態を十分に把握する必要がある。

1）局所式

　加熱装置から直接給湯するか配管が極めて短いので、適切な温度が得られやすく、エネルギーの無駄が少ない。施設全体として中央式を採用する場合においても、配管が長くなる特殊な箇所については局所式とするのが望ましい。

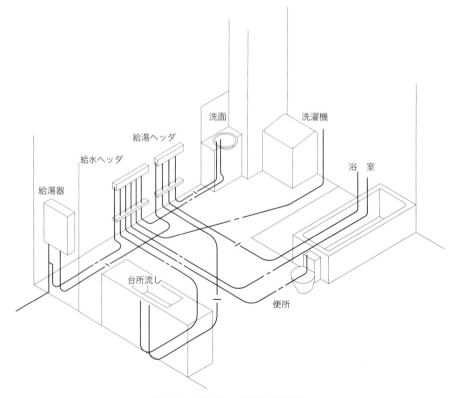

図 2·20　さや管ヘッダ工法の概念図

2) 住戸中央式

集合住宅の各住戸においては、図2·20のようなさや管ヘッダ工法が用いられることが多い。この工法は、給水および給湯のヘッダを設け、ヘッダから給水・給湯の各器具まで継手のない単独の枝管を配置するもので、水漏れが起こりにくい構成になっている。枝管には、架橋ポリエチレン管やポリブデン管などを用い、あらかじめ設置したさや管に挿入する。

3) 中央式

ホテルや病院のように、継続的に給湯を必要とする場所が建築物内に分散する場合は、中央式を採用する。中央式は、図2·21に示すように、給湯管のほかに返湯管と循環ポンプを設けることにより、水栓を開くとすぐに湯が得られるようにする。循環ポンプは、常時循環させるものと、湯温の低下に伴って起動し循環させるものがある。なお、湯を連続的に使用する場合は、返湯管と循環ポンプを設ける必要がない。

配管材料には、ステンレス鋼管、銅管、給湯用塩化ビニルライニング鋼管、耐熱性硬質塩化ビニル管などが用いられる。

配管が長くなると、湯の温度変化による配管の伸縮量が大きくなる。たとえば、ステンレス鋼管は線膨張率が約0.000017〔1/℃〕であり、20mの直管の温度が50℃上昇すると、17mm伸びる。伸縮によって生じる応力を吸収するためには、伸縮継手などを適切に配置する。

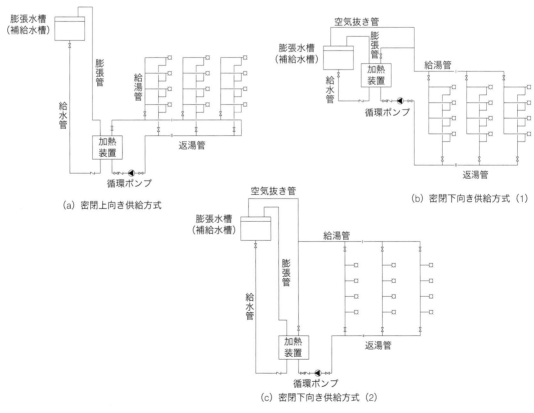

図2·21　中央給湯方式の配管例

3 給湯のための機器

　給湯用機器には、比較的規模の大きい施設で用いられる中央式の加熱装置と、一般住宅などで用いられる給湯機に大別できる。このうち、中央式加熱装置には、給湯ボイラ、真空式温水発生機、無圧式温水発生機がある。また、蒸気を給湯以外の目的で用いる病院やホテルでは、蒸気コイル付き貯湯槽が用いられる場合がある。

1）給湯ボイラ

　給湯ボイラには、貯湯式と瞬間式がある。貯湯式は、一定量の水がたまる缶体をもつもので、燃焼系の代表的なものに炉筒煙管ボイラがあり、電気を熱源とするものに電気貯湯式給湯ボイラがある。瞬間式は、水管を高温ガスで温めて、湯をつくるもので、代表的なものに貫流ボイラがある。

❶**炉筒煙管ボイラ**　図2・22に示すように、缶体、燃焼装置、制御装置などからなる。缶体の上部または下部から缶水部に供給された水は、炉筒（燃焼室）および煙管（燃焼ガス通路）の高温ガスによって温められ湯となる。

❷**電気貯湯式給湯ボイラ**　貯湯槽の下部にシーズ線式ヒーターを設けて加熱し、湯をつくる。貯湯槽の容量は50L〜20kL程度のものがあり、容量が大きいものは、深夜電力を利用して加熱・保温を行う。また、貯湯槽容量を小さくして、大容量ヒーターを用いると、短時間で湯をつくることができる。

❸**貫流ボイラ**　図2・23に示すように、コイル状の水管を燃焼室内で熱して湯や蒸気をつくるもので、水管が単管のものと多管のものがある。

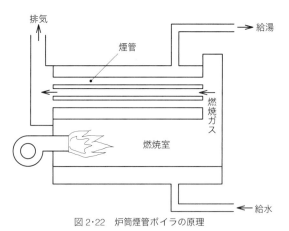

図2・22　炉筒煙管ボイラの原理

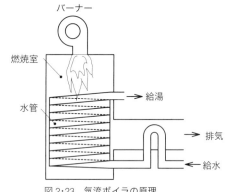

図2・23　気流ボイラの原理

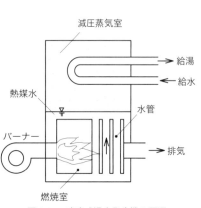

図2・24　真空式温水発生機の原理

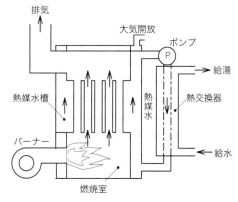

図2・25　無圧式温水発生機の原理

2）真空式温水発生機と無圧式温水発生機

ⓐ 真空式温水発生機　図2·24 に示すように、燃焼室、減圧蒸気室、水管などからなり、減圧温水機とも呼ばれる。ガスなどを燃焼させて熱媒水を温めると、減圧された容器内の熱媒水は100℃以下で蒸気となり、この蒸気が水管に熱を与えて湯をつくる。

ⓑ 無圧式温水発生機　図2·25 に示すように、燃焼室、熱媒水槽、熱交換器などからなり、熱媒水槽が大気に開放されているので、開放型温水機とも呼ばれる。熱交換器において、高温の熱媒水から熱を与えて湯をつくる。なお、熱媒水槽の容量を大きくして熱容量を増し、ピーク負荷時の給湯能力を高めたものを蓄熱給湯型無圧式温水発生機という。

3）構造・規模による給湯ボイラの分類

給湯ボイラには、表2·10 に示すように、ボイラ、小型ボイラ、簡易ボイラの区分がある。

ⓐ ボイラ　簡易ボイラおよび小型ボイラに該当しない大規模のもので、設置時の届出・検査、公的機関による定期検査などが義務づけられている。大規模のものはボイラ技士、小規模のものはボイラ取扱技能講習修了者による取り扱いが必要となる。

ⓑ 小型ボイラ　設置時の届出・検査、定期的な自主検査などが義務づけられており、運用に関する特別教育の受講者による取り扱いが必要となる。

ⓒ 簡易ボイラ　公的機関による検査の義務がなく、取り扱う者が有資格者である必要もない。なお、真空式温水発生機と無圧式温水発生機も、簡易ボイラと同様に、設置・検査・取り扱いについての規制を受けない。

表2·10　ボイラの区分

ボイラの種類		簡易ボイラ	小型ボイラ	ボイラ
蒸気ボイラ	ゲージ圧力 0.1MPa 以下	伝熱面積 0.5m² 以下	伝熱面積 1m² 以下	左記以外[5]
		胴の内径 200mm 以下かつ長さ 400mm 以下	胴の内径 300mm 以下かつ長さ 600mm 以下	
	ゲージ圧力 0.3MPa 以下	内容積 0.0003m³ 以下	—	
	大気に開放した内径25mm以上の蒸気管をもつもの、またはゲージ圧力 0.05MPa 以下かつ蒸気部に内径 25mm 以上のU形立管をもつもの	伝熱面積 2m² 以下	伝熱面積 3.5m² 以下	
温水ボイラ	ゲージ圧力 0.1MPa 以下	伝熱面積 4m² 以下	伝熱面積 8m² 以下	
	ゲージ圧力 0.2MPa 以下	—	伝熱面積 2m² 以下	
貫流ボイラ	ゲージ圧力 1MPa 以下[1]	伝熱面積 5m² 以下[2]	伝熱面積 10m² 以下[3]	
	内容積が 0.004m³ 以下[4]	ゲージ圧力（Mpa）と内容積（m³）の積が 0.02 以下	—	

[1] 管寄せの内径が 150mm を超える多管式のものを除く。
[2] 気水分離器を有するものはその内径 200mm 以下かつ内容積 0.03m³ 以下に限る。
[3] 気水分離器を有するものはその内径 300mm 以下かつ内容積 0.07m³ 以下に限る。
[4] 管寄せおよび気水分離器を有しないものに限る。
[5] 胴の内径 750mm 以下かつ長さ 1300mm 以下または伝熱面積 3m² 以下の蒸気ボイラ、伝熱面積 14m² 以下の温水ボイラ、伝熱面積 30m² 以下の貫流ボイラ（気水分離器を有するものはその内径 400mm 以下かつ内容積 0.4m³ 以下に限る）は小規模ボイラと呼ばれる。

4）給湯機

　給湯機は、設置の際の届出や定期検査を必要としない、主に戸建て住宅や集合住宅の住戸に用いられる小規模な給湯設備のことをいう。給湯機には、使用熱源によって、ガス給湯機、石油給湯機、電気温水器、太陽熱温水器、自然冷媒ヒートポンプ給湯機がある。また、家庭用コージェネレーションシステムによって給湯を行うこともできる。

❶ガス給湯機　　熱交換器の金属管をガスバーナーで加熱し、湯をつくる。ガス給湯機には、水回りへの給湯のほか、浴槽への湯張り、床暖房、浴室暖房、浴室乾燥などができるものがある。ガス給湯機の能力は号数で表示し、その数値は、水温を25℃上昇させた湯の1分間の供給量（L）となる。たとえば、20号の給湯機は、給水温度より25℃高い湯を1分間に20L供給できる。冬季に台所と浴室で同時に湯を使用する場合、24号の給湯機が必要である。

❷潜熱回収型ガス給湯機　　一般のガス給湯機の給湯効率が80％程度であるのに対し、図2·26に示すように、排気ガスの熱を二次熱交換器に通して給湯効率を95％に高めたもので、一般にエコジョーズと呼ばれている。一次熱交換器を通過した排気ガスは、水蒸気を含む約200℃の高温ガスであり、このガスのもつ潜熱で供給水が予熱される。排気ガスは80℃程度になり、水蒸気は凝縮水となり排出される。

❸石油給湯機　　主に灯油を燃料とし、缶体内でバーナーの燃焼熱を水に伝えて湯をつくる。瞬間式と貯湯式がある。

❹電気温水器　　貯湯槽の下部に電気ヒーターを設け、主に深夜電力を利用して85～90℃の湯をつくる。貯湯槽内の湯の温度は、外気温が20℃のとき、1時間あたり0.4～0.5℃低下する。貯湯槽の容量は150～550L程度である。

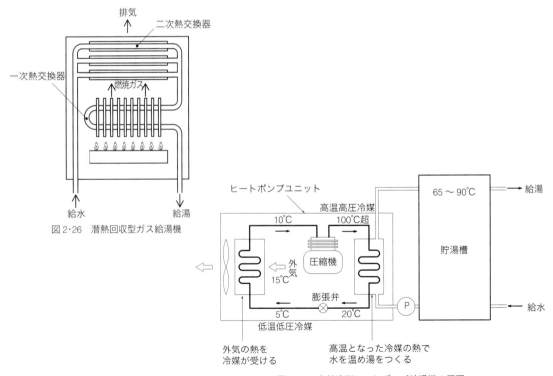

図2·26　潜熱回収型ガス給湯機

図2·27　自然冷媒ヒートポンプ給湯機の原理

- ⓔ **自然冷媒ヒートポンプ給湯機**　図2·27に示すように、主に深夜電力を利用し、CO_2冷媒のヒートポンプで湯をつくるもので、一般にエコキュートと呼ばれている。なお、HFC冷媒のヒートポンプ給湯機は、エコキュートとは呼ばれない。
- ⓕ **家庭用コージェネレーションシステムによる給湯**　発電時の排熱を給湯に利用するもので、一般に、ガスエンジンで発電するものはエコウィル、燃料電池で発電するものはエネファームと呼ばれている。発電量を高めると、一般住宅では湯の供給が過剰となるので、発電容量は1kW程度とすることが多い。
- ⓖ **太陽熱利用給湯システム**　太陽の放射熱は、地表面において平均1kW程度である。1kWの熱は、100Lの水の温度を1時間で約8.6℃ 上昇させることができる。このシステムは、図2·28に示すように、集熱器と貯湯槽などからなり、集熱器に当たった太陽放射熱のうち40〜60％を吸収して湯をつくる。集熱器の勾配は、設置場所の緯度と同じ角度にすると、効率よく太陽放射を受けることができる。集熱器と貯湯槽を一体にして屋根に設置するものは、一般に太陽熱温水器と呼ばれ、温度上昇に伴う水の自然循環で貯湯槽に湯をためるものと、水の代わりに不凍液を集熱器に通して、それをポンプで強制循環させて貯湯槽で湯をつくるものがある。また、集熱器と貯湯槽を分離したものには、利用水を直接ポンプで強制循環させるもの（直接集熱）と、熱媒として用いる不凍液を強制循環させるもの（間接集熱）がある。

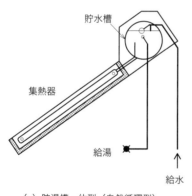

(a) 貯湯槽一体型（自然循環型）

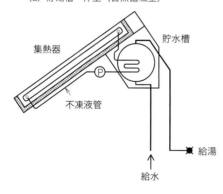

(b) 貯湯槽一体型（強制循環型）

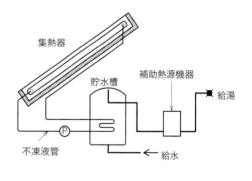

(c) 貯湯槽分離型（直接集熱・強制循環型）

(d) 貯湯槽分離型（間接集熱・強制循環型）

図2·28　太陽熱利用給湯システムの原理

4 給湯機器容量の計算

1）給湯量

給湯量の算出方法には、使用人員や床面積などによる方法と、設置器具数による方法がある。前者による場合は、表2・11の設計用給湯量から求める。後者による場合は、器具ごとの給湯量に器具数を乗じて合計したものに同時使用率を乗じて求める。

2）加熱装置の能力

瞬間式加熱装置によって給湯する場合、その加熱装置は、ピーク時に必要な給湯量を、給水温度から給湯温度に急速に高めて供給する能力を備えておかなければならない。このときの加熱能力 H〔kW〕は、水1Lの温度を1℃上昇させるのに必要な熱量は4.186kJなので、次式で求められる。

$$H = 4.186\,(t_h - t_c)\,q \times \frac{1}{60} \quad \cdots\cdots (2 \cdot 10)$$

t_h：給湯温度

t_c：給水温度

q：ピーク時の給湯量〔L/min〕

たとえば、5℃の水を60℃に高めて10L/min供給するためには、38.4kWの加熱能力が必要となる。なお、式中の1/60は、単位をkJ/minからkJ/s（=kW）に変換するためのものである。

貯湯式の加熱装置または瞬間式加熱装置に貯湯槽を組み合わせた場合の加熱能力 H〔kW〕と貯湯量 V〔L〕の関係は、次式で表される。

表2・11　設計用給湯量（「空気調和衛生工学会便覧第13版 4.給排水衛生設備設計篇」による）

建物の種類	年間平均1日給湯量	ピーク給湯量	ピーク継続時間	備考
住宅	150〜250 L/（戸・日）	100〜200 L/（戸・h）	2h	住宅のグレードを考慮して検討する必要がある
集合住宅	150〜250 L/（戸・日）	50〜100 L/（戸・h）	2h	ピーク時給湯量は、住戸数が少ない場合ほど多くする
事務所	7〜10 L/（人・日）	1.5〜2.5 L/（人・h）	2h	女性の使用量は、男性の使用量よりも多い
ホテル客室	150〜250 L/（人・日）	20〜40 L/（人・h）	2h	ホテルの性格と使用され方を考慮する必要がある
総合病院	2〜4 L/（m²・日）	0.4〜0.8 L/（m²・h）	1h	病院の性格と設備内容を把握することが必要である
	100〜200 L/（床・日）	20〜40 L/（床・日）	1h	ピークは1日2回あり、ピーク時以外でも、湯は平均的に使用される
飲食施設	40〜80 L/（m²・日）	10〜20 L/（m²・h）	2h	面積には、食堂面積+ちゅう房面積
	60〜120 L/（席・日）	15〜30 L/（席・h）	2h	軽食・喫茶は、少ないほうの値でよい

注　給水温度5℃、給湯温度60℃基準

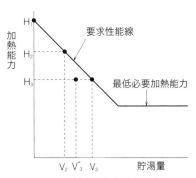

図2・29　加熱装置の加熱能力と貯湯量

$$4.186(t_{h1}-t_{h2})V + 3600HT \geq 4.186\left(\frac{t_{h1}+t_{h2}}{2}-t_c\right)qT \quad \cdots\cdots (2\cdot11)$$

t_{h1}：ピーク開始時の貯湯温度〔℃〕

t_{h2}：ピーク終了時の貯湯温度〔℃〕

t_c：給水温度〔℃〕

q：ピーク時の給湯量〔L/h〕

T：ピークの継続時間〔h〕

図 2・29 は、式 (2・11) の H と V の関係を定性的に表したものである。ある給湯負荷時において、瞬間式では H_1 の加熱能力を必要とし、加熱能力が H_2 のとき、V_2 以上の貯湯量を有する装置を設置すればよい。また、加熱能力が H_3 のとき、$V_3{}'$ の貯湯量を有する装置を設置する場合、$(V_3-V_3{}')$ の貯湯量をもつ貯湯槽を付加する。なお、実際の貯湯槽の容量は、計算で求めた値の 1.4 倍程度とする。

【例題】 宿泊者数 200 人のホテルにおける貯湯槽の容量を求めよ。ただし、加熱装置の能力は 350kW、ピーク時の給湯量 30 L/（人・h）、ピーク継続時間 2h、ピーク開始時の貯湯温度 60℃、ピーク終了時の貯湯温度 55℃、給水温度 5℃ とする。

〔解説〕$t_{h1}=60℃$、$t_{h2}=55℃$、$t_c=5℃$、$H=350kW$、

$q=30\times200=6000$ L/h、$T=2h$ を式 (2・11) に代入する。

$$4.186(60-55)V + 3600\times350\times2 \geq 4.186\left(\frac{60+55}{2}-5\right)\times6000\times2$$

$$\therefore V \geq 5600 \text{ L}$$

実際の貯湯槽の容量は、計算で求めた値の 1.4 倍程度とするので、

$5600\times1.4 = 7840$ L

2・4 排水・通気設備

　建築物で使用された水や敷地内に降った雨は、排水管などの排水設備によって敷地外に排出される。排水設備が衛生的かつ速やかな排水を行うためには、排水系統の通気が欠かせない。

❶排水の基本事項
1）排水の種類
　排水には、表2・12に示すように、汚水、雑排水、雨水、特殊排水がある。ただし、建築基準法や下水道法では、汚水や雑排水など建築物内から出る排水はすべて汚水と呼ばれる。また、特殊排水は、敷地内に処理設備を設け、無害化してから敷地外に排出するか、または産業廃棄物として処理しなければならない。

2）排水方式
　排水方式には合流式と分流式があるが、表2・13に示すように、建築物・敷地内におけるものと、下水道におけるもので、分類方法が異なる。

❷敷地内の排水方式　汚水と雑排水を合わせて流すものを合流式、両者を分けるものを分流式という。建築物内の排水管においては、原則として雨水は合流させない。また、敷地内の分流式では、雑排水が処理されずに公共用水域に放流され、環境が汚染されるので、この方式は原則として認められない。

表2・12　排水の種類

種　類	内　容
汚　水	大・小便器からの排水など排泄物を含む排水
雑排水	洗面器・浴槽・流しからの排水など排泄物を含まない排水
雨　水	屋根・敷地への降水および湧水
特殊排水	工場、病院、研究所などの排水のうち、有毒または有害な物質を含んだ排水

表2・13　排水方式

敷地内	公共下水道	概念図
合流式	合流式	汚水・雑排水・雨水 → 終末処理場（公共下水道）→ 川・海
合流式	分流式	汚水・雑排水 → 終末処理場（公共下水道）→ 川・海／雨水 → 川・海
合流式	なし	汚水・雑排水・雨水 → 浄化槽 → 川・海
分流式	なし	汚水 → 屎尿浄化槽 → 川・海／雑排水・雨水 → 川・海

❺ 下水道の排水方式　汚水・雑排水に雨水を合わせて流すものを合流式、両者を分けるものを分流式という。合流式下水道は、汚水・排水のみを処理する晴天時と、雨水を合わせて処理する雨天時とでは、処理場における処理水量が大きく異なり、また、処理場の処理能力を超える降水量となった場合、雨水吐き口や処理場から未処理の越流水を公共用水域に放流することとなる。このことから、新規に敷設される下水道は、原則として分流式下水道とすることとなっている。

3）排水の方法

排水の排除方法は、図2・30に示すように、原則として自然流下によるものとし、この方法を重力式排水方式と呼ぶ。水平方向の排水は、配管に勾配をつけて行う。なお、下水道管より低い位置の排水は、排水槽に貯留した後、ポンプによって揚水して排除することとなり、この方法を機械式排水方式と呼ぶ。

4）排水の系統

排水の系統は、図2・30に示すとおりであり、衛生器具からの排水は、器具排水管、排水横枝管、排水立て管、排水横主管の順に排水管を経由し、排水ますから公共下水道に流れる。

5）間接排水

図2・31に示すように、排水管とその下流の排水管との間に排水口空間を設けて縁を切る方法を間接排水という。受水槽、水飲み器、冷蔵庫、洗濯機、浴槽、プールなど、飲食物の貯蔵、洗浄、入浴、医療などを目的とする機器からの排水やオーバーフローは、汚れた水の逆流などを防止し、衛生を保つために、間接排水としなければならない。

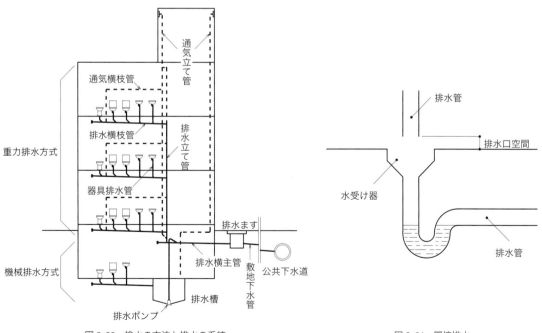

図2・30　排水の方法と排水の系統　　　　　　　　　　図2・31　間接排水

❷排水管

1）排水管の種類

排水管には、表2・14に示すような鋳鉄管、鋼管、塩化ビニル管、コンクリート管などが用いられる。

ⓐ鋳鉄管　排水用鋳鉄管には、接合部をボルト締めするメカニカル形と差し込み形がある。耐久性、耐食性に優れ、リサイクル率も高い。

ⓑ鋼管　炭素鋼管は、耐食性に難点があるので、雑排水管や通気管に用いられる。耐食性を高めたものに、排水用硬質塩化ビニルライニング鋼管、排水用タールエポキシ塗装鋼管、排水用塩化ビニルコーティング鋼管がある。

ⓒ硬質塩化ビニル管　耐食性、耐薬品性に優れるが、強度や耐熱性に劣る。硬質塩化ビニル管を繊維混入セメントモルタル管で外挿した排水用耐火二層管は、耐火性、断熱防露性などを有する。

ⓓコンクリート管　遠心力鉄筋コンクリート管はヒューム管と呼ばれ、土中埋設の敷地排水管などに用いられる。

2）配管の方法

ⓐ排水横管の勾配　重力式によって排水する場合、排水横管を適切な勾配で配管し、円滑な流れを保持しなければならない。固形物の排除のためには、満水状態で流れる排水の平均流速が0.6m/s以上となるようにする。また、配管の損傷を防ぐためには、流速が1.5m/s以下となるようにする。そのための勾配は、空気調和・衛生工学会の給排水衛生設備規準の規格および技術要項に表2・15のような値が示されている。

表2・14　排水管の種類

項　目	種　類	配管名
金　属	鋳　鉄　管	排水用鋳鉄管（メカニカル形） 排水用鋳鉄管（差し込み形）
金　属	鋼　管	配管用炭素鋼鋼管 排水用硬質塩化ビニルライニング鋼管 排水用タールエポキシ塗装鋼管 排水用塩化ビニルコーティング鋼管
樹　脂	硬質塩化ビニル管	硬質塩化ビニル管
複　合	耐火二層管	排水用耐火二層管
コンクリート	コンクリート管	遠心力鉄筋コンクリート管

表2・15　排水横管の勾配

管径（mm）	勾配 最小	勾配 最大
65以下	1/50	1/25
75	1/100	1/25
100	1/100	1/25
125	1/150	1/50
150	1/200	1/50
200	1/200	1/100
250	1/200	1/100
300	1/200	1/100

ⓑ **継手**　排水専用の継手は、管内面を平滑にして流れを阻害しない構造となっているので、必ず専用のものを用いる。

ⓒ **流れの方向変換**　排水管の屈曲箇所数はできるだけ少なくし、90°曲げる場合は、45°エルボを2個組み合わせるか、90°大曲りエルボを用いるのが望ましい。

ⓓ **排水立て管のオフセット**　排水立て管を図2・32のように位置をずらして設けることをオフセットという。鉛直方向から45°を超える屈曲のあるオフセット部は、排水の乱れが激しくなるおそれがあるので、適切な通気を行うとともに、その上下600mm以内に排水横枝管を接続してはならない。

ⓔ **最下階の排水横枝管**　排水立て管に接続すると、器具からの跳ね出しのおそれがあるので、直接排水ますに接続するか、排水立て管から十分な距離をおいて排水横主管に接続する。

ⓕ **敷地排水管**　排水管の直上の地上部分の用途を考慮し、表2・16のような埋設深度とする。盛土部分などの地盤沈下のおそれのある部分では、堅固な基礎上に配管するなどの措置が必要である。

3）排水管径の計算

排水管径の計算方法には、定常流量法と器具排水負荷単位法がある。定常流量法は、器具の排水量に加え、排水時間、利用頻度などを考慮したものとなっており、本書ではこの計算方法を示す。

ⓐ **基本事項**　排水管の最小管径は30mm以上（地中埋設または地下の床下は50mm以上が望ましい）、かつ、トラップの口径以上とし、流下方向の管径を縮小してはならない。また、排水立て管は、最下部の管径を最上部まで通すようにしなければならず、上部ほど管径が縮小する「たけのこ配管」としてはならない。

表2・16　敷地排水管の埋設深度

地上の用途	埋設深度（mm）
庭・畑など	200以上
人・自転車などの通路	450以上
自動車などの重量物の通路	750以上

空気調和・衛生工学会「給排水衛生設備規準」による

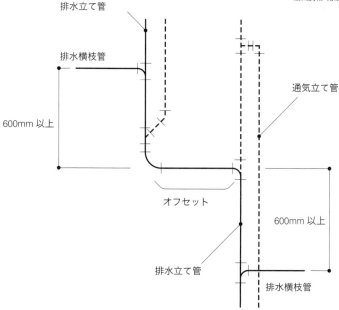

図2・32　排水立て管のオフセット部

❺ 管径の求め方　管径の決定には、空気調和・衛生工学会の給排水衛生設備規準の技術要項に示されている排水管選定線図を用いる。図2·33は、排水横枝管の選定線図の一部を抜粋したものである。この図を用いると、定常流量 $\overline{Q}$（L/s）、器具平均排水量 q_d（L/s）、配管勾配より、排水横枝管の負荷流量 Q_L と管径 D を求めることができる。なお、管径 D は、mm 単位の数値に A を付けて「40A」のように表す。また、器具平均排水量は表2·17により、定常流量 $\overline{Q}$ は、次式で求められる。

$$\overline{Q} = \Sigma\, n\, w\, /\, T_0 \quad \cdots\cdots \quad (2\cdot12)$$

n：器具の設置数、w：器具排水量（L）、T_0：器具平均排水間隔（s）（表2·17による）

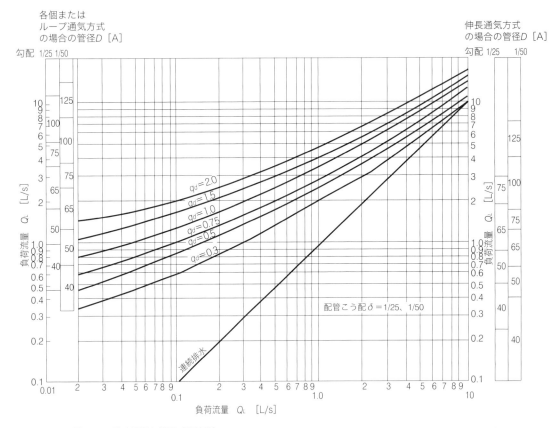

図2·33　排水管選定線図（横枝管）（空気調和衛生工学会編「SHASE-S206-2009　給排水衛生設備規準・同解説」による）

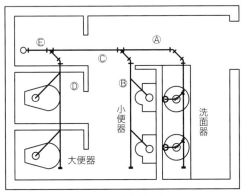

図2·34　計算例の図

● 計算例　　図 2·34 の便所の排水横枝管Ⓐ～Ⓔを求める。洗面器は流し洗い、小便器は小型の洗浄弁方式、大便器は節水型のサイホン式とする。

Ⓐ　器具は、洗面器 2 個（流し洗い）であるから、表 2·17 より、$w = 3$、$q_d = 0.3$、$T_0 = 120$。

式 2·12 より、$\overline{Q} = 2 \times 3 \div 120 = 0.05$ L/s

したがって、図 2·33 より、勾配 1/50 のとき、$Q_L = 0.47$ L/s、$D = 40$A（口径 40mm）。

Ⓑ　器具は、小便器 2 個（小型）であるから、表 2·17 より、$w = 4$、$q_d = 0.5$、$T_0 = 160$。

式 2·12 より、$\overline{Q} = 2 \times 4 \div 160 = 0.05$ L/s

したがって、図 2·33 より、勾配 1/50 のとき、$Q_L = 0.63$ L/s、$D = 40$A。

Ⓒ　ⒶとⒷを加算すると、$\overline{Q} = 0.05 + 0.05 = 0.1$、$q_d = 0.5$（ⒶとⒷの大きい方の値）

したがって、図 2·33 より、勾配 1/50 のとき、$Q_L = 0.85$ L/s、$D = 50$A。

Ⓓ　器具は、大便器 2 個（節水型・サイホン式）であるから、

表 2·17 より、$w = 13$、$q_d = 1.5$、$T_0 = 600$。

式 2·12 より、$\overline{Q} = 2 \times 13 \div 600 = 0.043$ L/s

したがって、図 2·33 より、勾配 1/50 のとき、$Q_L = 1.4$ L/s、$D = 65$A。

ただし、トラップ口径により、$D = 75$A。

Ⓔ　ⒸとⒹを加算すると、$\overline{Q} = 0.1 + 0.043 = 0.143$、$q_d = 1.5$（ⒸとⒹの大きい方の値）

したがって、図 2·33 より、勾配 1/50 のとき、$Q_L = 1.9$ L/s、$D = 65$A。

ただし、流下方向の管径を縮小できないので、$D = 75$A。

表 2·17　各種衛生器具の排水量と排水間隔の標準値

器具の種類			トラップ口径 (mm)	器具排水量 w (L)	器具平均排水量 q_d (L/s)	器具平均排水間隔 T_0 (s)						
						集中利用形態[*1]	任意利用形態[*2] における 1 カ所の器具数					
							1	2	3	4	5	6
大便器（節水型）		サイホンゼット 13	75		2	（女子用）60	400	280	220	190	170	150
		サイホン 13			1.5							
		洗出し・洗落し 8				（男子用）200	600	600	600	600	560	510
小便器	小型		40	4～6	0.5 [*3]	35	240	160	130	110	100	90
	大型		50			同時自動洗浄は、頻度に応じて 180～900 の間で決定する						
洗面器	ため洗い	小型	30	5	1	25	170	120	90	80	70	65
		中型		7								
		大型		8								
	流し洗い			3	0.3							
浴槽	和風		30	190～230～250	1	1800						
	洋風		40	90～140～180								
シャワー			50	50	0.3	300						

*1　劇場や学校など、利用が短時間に集中する場合。
*2　事務所や百貨店など、利用が特定時間に限定されない場合。
*3　同時自動洗浄は、0.5×同時洗浄個数（最大 2.0）とする。
注　表中の値は、「空気調和・衛生工学会の給排水衛生設備規準技術要項」による。

3 トラップと阻集器

1）トラップの目的

排水管は、途中で仕切られることなく下水道や浄化槽などにつながっており、また、排水管に混入物が付着しているので、悪臭が上昇して排水口から漏れ出るおそれがある。トラップは、この悪臭を止め害虫の侵入を防ぐために設けられるもので、図 2・35 のように、管を屈曲させるなどして常に水をため、通気を防ぐ仕組みになっている。なお、このたまり水を封水といい、封水が減少して通気状態になることを破封という。

2）トラップの種類

トラップには、図 2・36 に示すように、管トラップ、ドラムトラップ、わんトラップなどがある。

ⓐ 管トラップ　　Sトラップ、Pトラップ、Uトラップがあり、排水による自浄作用があるが、適切な通気をしないと、破封しやすい。

ⓑ ドラムトラップ　　流入側の排水管断面積に対して流出側の断面積が大きいので、破封しにくい。排水中の混入物は、ドラム部分に沈殿させて、適宜排除する。

ⓒ わんトラップ　　流しの排水口や床排水口などに用いられる。水が頻繁に使用されることがないと、蒸発による破封が起こりやすい。

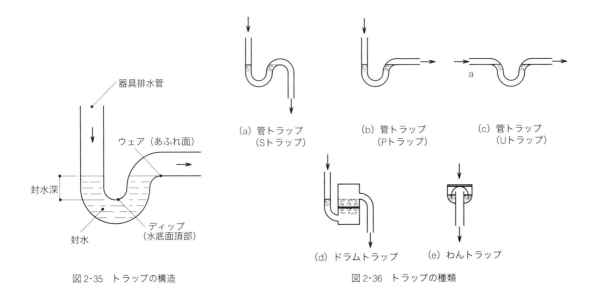

図 2・35　トラップの構造　　　　図 2・36　トラップの種類

3) トラップの破封現象

ⓐ 自己サイホン作用　洗面器などから大量の水を流すと、図2・37 (a) に示すように、器具排水管内が満水の状態で水が流れ、サイホンの原理で封水が下流側に引かれて破封する。

ⓑ 誘導サイホン作用　図2・37 (b) に示すように、他の器具から大量に排水されるのに伴って、排水管内が負圧になり破封する。

ⓒ 吹出し現象　図2・37 (c) に示すように、他の器具から大量に排水されるのに伴って、排水管内が正圧になって、排水口から器具側に水が吹出す現象。

ⓓ 毛管現象　トラップのあふれ面に毛髪などが付着し、毛管現象によって徐々に封水が減少し、破封に至る。

ⓔ 蒸発　床排水口のように、封水深が小さいトラップにおいては、水の供給が頻繁に行われない場合に、蒸発によって破封することがある。

4) トラップの構造

ⓐ 封水深　排水管内の圧力変動などによって封水が減少するおそれがあるので、図2・37に示すように、封水深は50mm以上とする。また、深すぎると自浄作用が低下するので、100mm以下としなければならない。

ⓑ 水封部の性能保持　原則として汚物の付着・沈殿が起こらない構造とし、水封部にねじ込み掃除口を設けて、点検と掃除ができるようにする。蛇腹管トラップは、プラスチック製の蛇腹管を屈曲させてトラップとしたもので、恒久的なトラップ形状の保持が保証できないので、用いてはならない。

ⓒ 二重トラップの禁止　図2・38に示すように、一つの器具から敷地外に排出される経路にトラップが二カ所以上設けられているものを二重トラップという。排水時にトラップ間の空気が圧縮され、円滑な流れが阻害される。

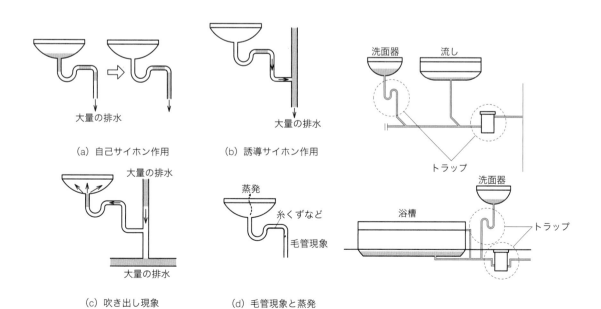

図2・37　トラップの破封現象

図2・38　二重トラップの例

5）阻集器の目的

排水中に含まれる油脂分や毛髪などの混入物は、排水管を閉塞させるおそれがあるので、排水経路の最上流部に混入物を取り除くための阻集器を設ける。

阻集器には、グリース阻集器、オイル阻集器、砂阻集器、毛髪阻集器などがある。

ⓐグリース阻集器　厨房などからの排水中に含まれる油脂分を捕捉する。図 2·39 に示すように、バスケット、隔板、点検口などで構成され、浮上した油脂分を適宜取り除く構造になっている。

ⓑオイル阻集器　ガソリンスタンドや自動車修理工場などの排水中に含まれる油分を捕捉する。

ⓒ砂阻集器　工場や建設現場などでは、土砂やセメントなどが排水に混入するおそれがあるので、図 2·40 のような砂阻集器を設けて土砂などを沈殿させる。

ⓓ毛髪阻集器など　理容・美容店では毛髪阻集器、歯科医院では図 2·41 に示すようなプラスター阻集器を用いるほか、排水中に少なからず混入物を含む用途の施設では、混入物を分離・収集するために必要な阻集器を設ける。

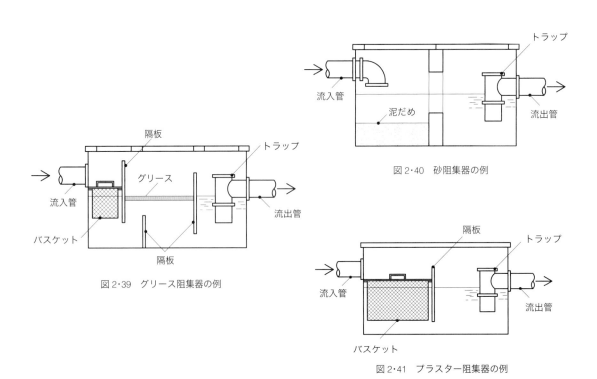

図 2·39　グリース阻集器の例

図 2·40　砂阻集器の例

図 2·41　プラスター阻集器の例

4 各種排水用機器

排水経路には、排水管、トラップ、阻集器のほかに、掃除口、排水ます、排水槽、排水ポンプなどの機器を設ける。

1）掃除口

排水管中の混入物、スケール、スライムなどを定期的または適宜除去するために、掃除口を設ける。

ⓐ 設置箇所 掃除口は、排水横枝管および排水横主管の起点、排水立て管の最上部と最下部、延長が長い配管の途中、45°を超える角度で方向を変える箇所、排水横主管と敷地排水管の接続部付近に設ける。

ⓑ 大きさ 配管径が100mm以下の場合は配管と同一径とし、100mmを超える場合は、100mm以上とする。

ⓒ 取付間隔 横管の掃除口は、管径100mm以下の場合は15m以内、100mmを超える場合は30m以内に設ける。集合住宅の立て管については、3～5階以内ごとに掃除口を設けるのが望ましい。

ⓓ 設置方法 排水の流れの反対方向または直角方向に開口するように設置する。また、隠蔽配管の掃除口は床や壁の仕上げ面まで延長して設けるか、点検口を設けて容易に掃除口の点検などが行えるようにする。

2）排水ます

ⓐ 種類 汚水ます、雨水ます、トラップますがある。汚水ますは、図2·42（a）に示すように、排水中の汚物などがますの部分に滞留しないように、底部が半円筒形状のインバートとなっており、インバートますと呼ばれる。雨水ますは、図2·42（b）に示すように、底部を排水管より下方に掘り下げて、泥だめとしている。トラップますは、図2·42（c）に示すように、流入側または流出側の排水管を90°曲げて水没させ封水深を確保する。

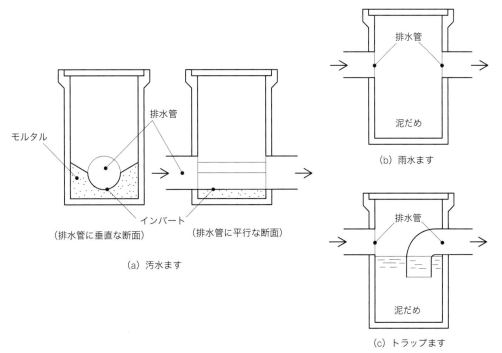

図2·42 ますの種類

❶設置箇所　敷地排水管の起点、屈曲点、会所点、管種などの変化点、および管内径の 120 倍以内において維持管理上適切な箇所に設ける。

3）排水槽と排水ポンプ

地上部分は、重力式排水方式によって排水できるが、下水道より低位となる地下部分からの排水は、排水槽に一旦貯留して、ポンプで揚水して排除する（機械式排水方式）。

❶排水槽の種類　汚水槽、雑排水槽、雨水槽、湧水槽がある。

❷排水槽の構造　排水槽は、躯体の一部を利用して設けることができる。図 2・43 に示すように、内部の保守・点検のために、有効径 600mm 以上のマンホールを設け、他の排水系統のものと接続しない単独の通気管を設けて、衛生的に大気に開放する。また、底部の勾配を 1/15 以上、1/10 以下とし、最下部に吸込ピットを設ける。

❸排水槽の容量　最大排水流量の 15 ～ 60 分間分程度とし、混入物が長期貯留によって腐敗することがないよう、過大にならないようにする。

❹排水ポンプの種類　排出できる固形物の大きさによって、大きい順に汚物ポンプ、雑排水ポンプ、汚水ポンプに分類される。また、水槽内に設置するものを水中ポンプという。

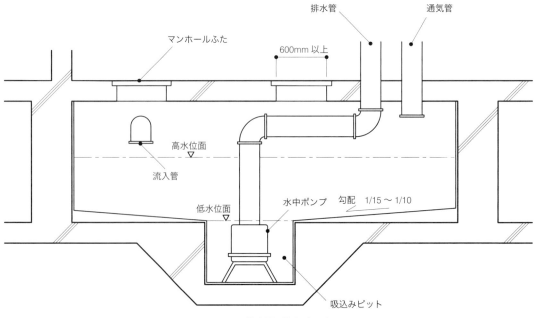

図 2・43　排水層と排水ポンプ

5 通気方式

排水管内に水が流れると、管内の空気の圧力が変動し、通気が不十分な排水管においては、トラップが破封するなど、排水経路にさまざまな悪影響を与える。そこで、排水管に適切に通気管を接続することで、トラップの破封を防ぎ、排水の流れを円滑にし、排水管内の衛生を保持できるようにする。

1) 通気方式の種類

通気方式には、各個通気方式、ループ通気方式、伸長通気方式、特殊通気継手方式がある。また、伸長通気管のみによる一管式と伸長通気管とは別に排水管と並行して通気管を設ける二管式がある。

ⓐ 各個通気方式　図2・44 (a) に示すように、各器具トラップごとに通気管を設けるもので、トラップの破封を防ぐうえで最も確実な方式である。各個通気管は通気横枝管で連結され、通気立て管に接続されるもので、二管式の通気方式となる。

ⓑ ループ通気方式　図2・44 (b) に示すように、ループ通気管を通気立て管に接続する二管式通気方式で、いくつかの器具トラップ群の破封を一つの通気管で防ぐので、経済的な方法である。排水量が多く気圧が大きく変動する場合には不向きで、自己サイホン作用の防止はできない。

ⓒ 伸長通気方式　図2・44 (c) に示すように、排水立て管の頂部を延長して通気管とする伸長通気管のみによる一管式の通気方式で、排水流量が少ないなどの条件で限定的に用いられる。

ⓓ 特殊通気継手方式　排水立て管と排水横枝管の接続部分と排水立て管の最下部に特殊通気継手を用い、流速を抑え円滑な流れを保持することで、伸長通気管だけで通気を行うことができるようにした一管式の通気方式である。

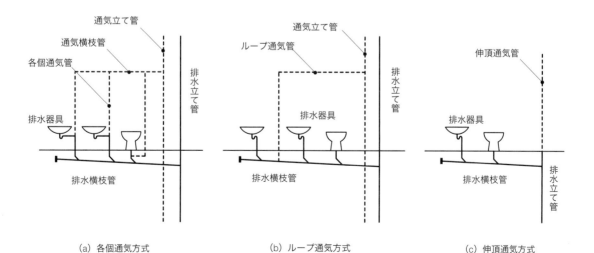

図2・44　通気方式

2）通気管の配管方法

ⓐ 各個通気管の取り出し位置　図2·45に示すAB間の距離は、通気管への排水の流入を防ぐために、排水管径の2倍以上とし、かつ、A点がB点（ウェアの高さ）より上になるよう表2·18の距離以内となるようにする。

ⓑ ループ通気管の取り出し位置　ループ通気管は、排水横枝管ごとに設け、最上流の器具排水管の直後の下流側に接続する。最上階を除き、排水横枝管に大便器などが8個以上接続される場合は、図2·46のように逃し通気管を設ける。

ⓒ 通気立て管　上部は図2·47に示すように、最高位の衛生器具のあふれ縁から150mm以上高い位置で伸長通気管に接続するか、単独で大気に開口する。下部は、最低位の排水横枝管より低い位置で排水立て管に接続するか、排水横主管に接続する。

ⓓ 通気横管　排水の流入を防ぐため、通気横管は各階の最高位の衛生器具のあふれ縁から150mm以上上方で横走りするように配管する。

ⓔ 大気開口部　大気中に開口する位置は、屋根から上方200mm以上（屋上を利用する場合は2m以上）、隣接する換気用開口部から上方600mm以上または水平方向に3m以上とする。

3）通気管径

通気管径は、排水による必要換気量によって決まるが、以下の最小管径を満足しなければならない。

①一般に管径は30mm以上とし、排水槽に設けるものは50mm以上とする。
②各個通気管の管径は、接続する排水管の管径の1/2以上とする。
③ループ通気管の管径は、排水横枝管と通気立て管のうち小さい方の管径の1/2以上とする。
④伸長通気管の管径は、排水立て管の管径以上とする。

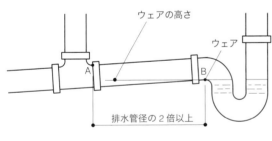

図2·45　各個通気管の取出し位置

表2·18　各個通気管の取出し位置

器具排水管の管径（mm）	ウェアからの距離（m）
30	0.8
40	1.0
50	1.5
75	1.8
100	3.0

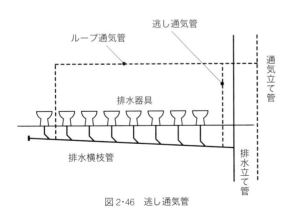

図2·46　逃し通気管

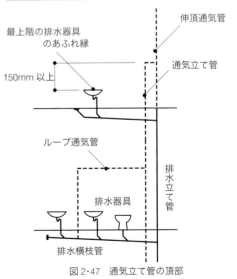

図2·47　通気立て管の頂部

6 雨水の排水

敷地に降る雨のうち、屋根やテラス、駐車場などの不浸透面上のものは、速やかに集水し、地中へ浸透させる場合や雨水利用する場合を除き、敷地排水管などを経て下水道などに排除しなければならない。

地中への雨水の浸透を行うと、下水道への負荷を減らすことができ、また、地下水量を保持することができる。大規模な屋外駐車場などは、雨水が浸透できる構造が望ましいが、不浸透面となる場合は、図2・48 に示すような雨水浸透ますや雨水浸透トレンチを用いるとよい。なお、雨水利用については、後述する。

1）雨水配管

屋根やバルコニーの雨水は、横樋やルーフドレンで集水したのち、雨水立て管（立て樋）を通して側溝、敷地雨水管、雨水ますに流入させる。雨水配管を行うにあたっては、以下の点に注意しなければならない。

①雨水立て管は、排水立て管や通気立て管を兼用してはならない。
②雨水立て管は、原則として排水横主管に接続せず、単独で屋外まで配管する。

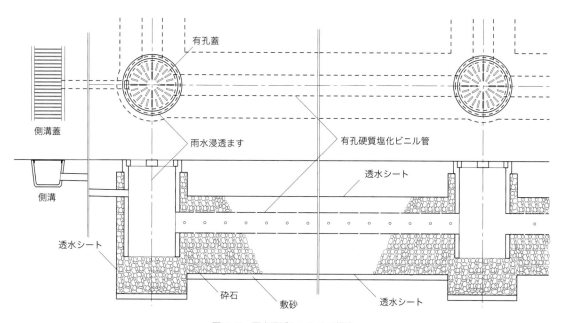

図2・48　雨水浸透トレンチの構造

③雨水立て管を排水横主管に接続する場合は、図2·49に示すように、排水立て管の接続点の3m以上下流においてY管とUトラップを用いて接続する。

2）雨水排水管の管径

ⓐ基本事項 雨水立て管、雨水横枝管、雨水横主管、敷地雨水管の管径は、雨水管が受け持つ屋根面積（＝排水面積）によって決まる。このとき、屋根面積は水平投影面積とし、壁面に当たった雨水が流下する場合は、壁面積の50%を加算する。また、降水量は、100mm/hを基準とし、各地域の最大降水量に応じて増減する。

ⓑ管径の求め方 次の手順による。
①雨水管が受け持つ排水面積を求める。
②次式によって降水量100mm/hの換算排水面積を求める。

$$換算排水面積 = 排水面積 \times \frac{各地の最大降水量}{100} \quad \cdots\cdots (2\cdot13)$$

③表2·19に示す許容最大排水面積以下となるように、管径を決定する。

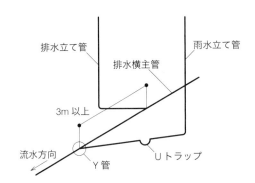

図2·49 雨水立て管と排水横主管との接続

表2·19 雨水管の管径と許容最大排水面積

管径	許容最大排水面積 (m²)							
	排水立て管	排水横管（勾配ごとの値）						
		1/25	1/50	1/75	1/100	1/125	1/150	1/200
50	67	−	−	−	−	−	−	−
65	135	137	97	79	−	−	−	−
75	197	201	141	116	100	−	−	−
100	425	−	306	250	216	193	176	−
125	770	−	554	454	392	351	320	278
150	1250	−	904	738	637	572	552	450
200	2700	−	−	1590	1380	1230	1120	972
250	−	−	−	−	2490	2230	2030	1760
300	−	−	−	−	−	3640	3310	2870

注 数値は、空気調和·衛生工学会の給排水衛生設備規準の技術要項の表の値を抜粋している。

❸計算例(1)　図2·50に示すように、雨水立て管が受け持つ屋根の水平投影面積が200m²のとき、雨水立て管の管径を求めよ。ただし、その地域の最大降水量は85mm/hとする。

（解答）　換算排水面積を求める。

$$200 \times \frac{85}{100} = 170 \text{m}^2$$

表2·19より、管径 $D = 75\text{A}$ となる。

❹計算例(2)　図2·51に示すように、敷地雨水管に敷地内にある屋根（水平投影面積400m²）と非舗装面（300m²）から雨水が流入するとき、敷地雨水管の管径を求めよ。ただし、その地域の最大降水量は110mm/hとし、非舗装面の流出係数は0.2（降水のうち0.8は浸透）とする。

（解答）　排水面積は、$400 + 300 \times 0.2 = 460 \text{m}^2$

換算排水面積を求める。

$$460 \times \frac{110}{100} = 506 \text{m}^2$$

表2·19より、管径 $D = 150\text{A}$（勾配1/150）となる。

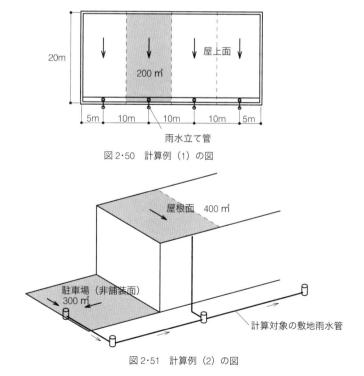

図2·50　計算例(1)の図

図2·51　計算例(2)の図

2･5　排水の処理と利用

❶浄化槽

建築物内で発生する汚水や雑排水を敷地外に排出するとき、終末処理場を有する公共下水道が完備されている地域においては、その下水道に直接放流するが、公共下水道が完備されていない地域においては、浄化槽に貯留して衛生上支障のない水質に浄化し、都市下水路などを経由して河川や湖沼などの公共用水域に放流する。

1）汚水処理の工程

浄化槽による汚水処理とは、汚水･雑排水中の混入物を分離や分解によって取り除くことで、その工程は、前処理、一次処理、二次処理、消毒、汚泥処理などからなる（図2･52）。

ⓐ前処理工程　後の工程で分解できない混入物や砂などを分離して捕捉する工程で、スクリーン、破砕装置、沈砂槽などのうち必要なものを設ける。

ⓑ一次処理工程　静置すると沈む性質（沈降性）のある浮遊物質を沈殿によって分離し、嫌気性微生物によって分解する。

ⓒ二次処理工程　非沈降性の浮遊物質を好気性微生物を利用した活性汚泥法または生物膜法によって沈殿または付着させて分離する。

ⓓ消毒　病原菌を死滅させるために、塩素の注入を行う。

ⓔ汚泥処理　各工程から分離される汚泥は99%程度が水分であり、濃縮によって汚泥量を減じる。

（a）嫌気ろ床接触曝気方式の場合

（b）長時間触曝気方式または標準活性汚泥方式の場合

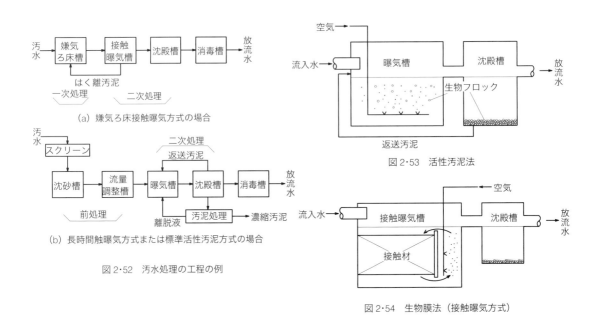

図2･52　汚水処理の工程の例

図2･53　活性汚泥法

図2･54　生物膜法（接触曝気方式）

2) 生物処理

二次処理工程の生物処理には、活性汚泥法と生物膜法がある。

❶ 活性汚泥法　図2・53に示すように、汚水中に空気を送って撹拌すると、好気性微生物が有機物を分解しながら増殖し、微生物の集合体であるフロックを形成して沈殿する。空気を送って撹拌することを曝気という。沈殿したフロックの一部は余剰汚泥として排除し、残存物は有機物の分解、フロック形成、沈殿を繰り返しながら汚水を浄化する。活性汚泥法には、標準活性汚泥法と長時間曝気法がある。

❷ 生物膜法　接触材や回転板などの担体に微生物の膜を形成し、汚水がこの膜に接触する際に有機物が微生物によって分解される。生物膜法には、図2・54のような接触曝気方式、回転板接触方式、散水ろ床方式がある。

3) 浄化槽の性能

排水の浄化の程度は、排水量や環境保全のレベルによって異なるので、表2・20に示すように、その区域の衛生上の支障の有無と処理対象人員に応じた規制値が建築基準法施行令32条で定められており、これに合致した浄化能力を有する浄化槽を設置しなければならない。なお、処理対象人員は、JIS A 3302に示されており、その一部を表2・21に示す。また、BODおよびBOD除去率は、以下のように定義されている。

表2・20　浄化槽に求められる性能（建築基準法施行令32条）

令32条	区域	処理対象人員	性能 BOD除去率	性能 放流水のBOD
1項	特定行政庁が衛生上特に支障があると認めて規則で指定する区域	50人以下	65%以上	90mg/L以下
		51人〜500人	70%以上	60mg/L以下
		501人以上	85%以上	30mg/L以下
	特定行政庁が衛生上特に支障がないと認めて規則で指定する区域	—	55%以上	120mg/L以下
	その他の区域	500人以下	65%以上	90mg/L以下
		501人〜2000人	70%以上	60mg/L以下
		2001人以上	85%以上	30mg/L以下
2項	特定行政庁が地下浸透方式としても衛生上支障がないと認めて規則で指定する区域	—	SS除去率 55%以上	流出水のSS量 250mg/L以下
3項	水質汚濁防止法3条1項・3項による排水基準、浄化槽法4条1項による技術上の基準により、上記令32条1項より厳しい基準が定められている場合は、これらの基準に従う。			

注　放流水に含まれる大腸菌群数が$1cm^3$につき3000個以下であること。

表2・21　処理対象人員の例（JIS A3302による）

用途	処理対象人員 (n) の算定式
住宅	$n = 5$ (7^{*1})
集合住宅	$n = 0.05A^{*2}$
劇場・映画館	$n = 0.08A$
高等学校・大学など	$n = 0.25P$
事務所	$n = 0.06A$ ($0.075A^{*3}$)

注　A：延べ面積、P：定員
* 1　延べ面積が130m²を超える場合。
* 2　1住戸あたりのnが3.5人以下の場合は$n = 3.5$（1住戸が1居室の場合は$n = 2$）とし、1住戸あたりのnが6人以上の場合は$n = 6$とする。
* 3　業務用厨房を設けている場合。

ⓐ BOD 生物化学的酸素要求量（Biochemical Oxygen Demand）のことで、汚水中に含まれる有機物を分解するのに必要な酸素量である。汚水中のBOD量は一般に13g/人・日であり、排水量を50L/人・日とすると、BODは260mg/Lとなる。また、汚水と雑排水が混合した生活排水では、BOD量は一般に40g/人・日、排水量を200L/人・日として、BODは200mg/Lとなる。

ⓑ BOD除去率 次式で示すように、浄化槽に流入したBODに対する浄化槽で減少したBODの割合をいい、除去率が高いほど排水の清浄度が高いことを示す。

$$\text{BOD除去率} = \frac{\text{流入水のBOD} - \text{流出水のBOD}}{\text{流入水のBOD}} \times 100\% \quad \cdots\cdots (2\cdot14)$$

4）浄化槽の種類

家庭用や処理対象人員が50人以下の小規模浄化槽は、図2・55に示すような分離接触曝気方式や嫌気ろ床接触曝気方式などで浄化する仕組みとなっている。これらの浄化槽には、図2・56に示すようなFRP（ガラス繊維強化ポリエステル樹脂）製や鉄筋コンクリート製の容器が用いられる。

処理対象人員が51人以上の中・大規模の浄化槽は、プレキャストコンクリート板や現場打ちの鉄筋コンクリートなどの水槽を設け、回転板接触方式、接触曝気方式、長時間曝気方式、標準活性汚泥法式などの生物処理が行える装置を設置する。

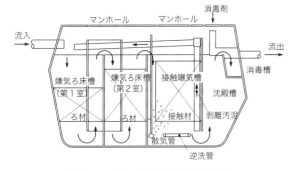

図2・55　嫌気ろ床接触曝気方式の構造

表2・22　国土交通省の雑用水に関する水質基準

用途	水洗便所用水	散水用水	修景用水	親水用水
外観	不快でないこと	不快でないこと	—	—
色度（度）	—	—	40以下	10以下
濁度（度）	—	—	10以下	5以下
臭気	不快でないこと	不快でないこと	不快でないこと	不快でないこと
pH	5.8～8.6	5.8～8.6	5.8～8.6	5.8～8.6
BOD (mg/L)	20以下	—	10以下	3以下
COD (mg/L)	30以下	—	—	—
大腸菌群数（個/mL）	10以下	検出されないこと	10以下	0.5以下
残留塩素 (mg/L)	保持されていること	0.4以上	—	—

(a) 担体流動ろ過循環方式

(b) 担体流動浮上ろ過方式

図2・56　FRP製浄化槽の例　(提供：クボタ)

2 排水再利用

建築物内で使用した水を目的に応じた水質となるように浄化して利用することを、排水再利用という。処理された水は、主として便所洗浄水として利用するほか、散水、修景用水、洗浄用水、空調冷却水などに利用される。これらは、用途ごとに表2・22のような水質基準を満足するものでなければならない。

1）排水再利用の方式

排水再利用には、個別循環方式、地区循環方式、広域循環方式がある。

ⓐ個別循環方式 図2・57(a)のように、各建築物の敷地内で発生した排水をその敷地内で処理して利用する。

ⓑ地区循環方式 図2・57(b)のように、大規模な住宅団地や一定規模の地区内の複数の建築物から発生する排水を、地区内に設けた処理施設で処理して利用する。

ⓒ広域循環方式 図2・57(c)のように、下水処理場の処理水を、地域内の建築物に供給して便所洗浄水などとして利用したり、地域内の修景用水として利用する。

2）排水処理の工程

排水処理の一般的な工程は、図2・58のように、前処理、生物処理、ろ過、膜処理、消毒などからなる。図2・58の①は、負荷が小さい雑排水の場合の工程である。②は、生物処理の後に膜処理で固液分離するもので、負荷が大きい排水にも利用できる。③は、主として膜処理による方式であり、負荷が小さい雑排水の処理に向いている。

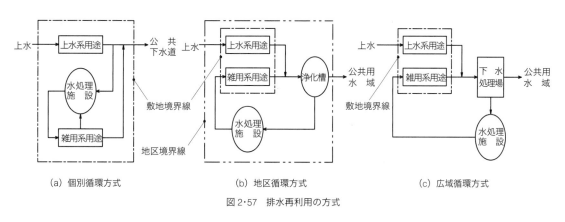

図2・57　排水再利用の方式

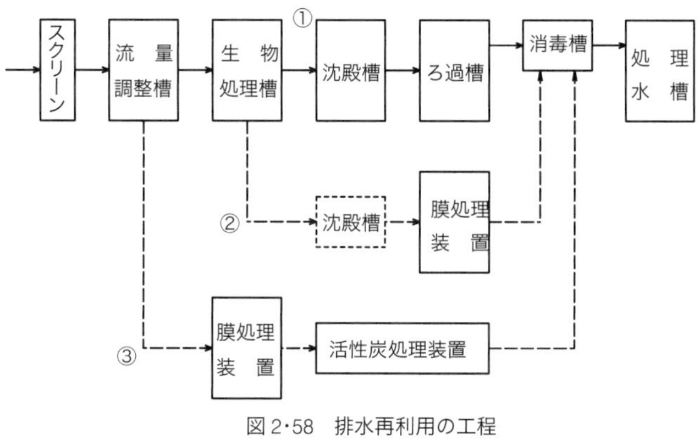

図2・58　排水再利用の工程

ⓐ **前処理工程** 後の工程で分解できない混入物や砂などを分離して捕捉・排除する工程で、スクリーン、破砕装置、沈砂槽、流量調整槽のうち必要なものを設ける。
ⓑ **生物処理工程** 浄化槽の二次処理と同様に、活性汚泥法・生物膜法などによって水を浄化する。
ⓒ **ろ過工程** 生物処理槽と沈殿槽を通過した上澄み液から浮遊物質を除去する工程である。ろ材には、砂、アンスラサイト（無煙炭）、化学繊維などが用いられる。
ⓓ **膜処理工程** 膜処理装置を用いたろ過工程であり、膜の種類には、精密ろ過膜、限外ろ過膜、逆浸透膜がある。膜処理を利用すると、設備の設置面積を縮小できるが、造水コストが大きくなる。

3 雨水利用

雨水は、汚水・雑排水に比べて格段に汚染度が低いので、比較的簡単な処理で再利用することができる。雨水の集水面は、一般に建築物の屋根とすることが多い。敷地全体を集水面とすると、集水量は多量となるが、汚染度が高くなるので、処理コストが増大する。

1）雨水処理の工程

雨水処理の工程は、図2・59に示すように、前処理、主処理、消毒からなる。

ⓐ **前処理工程** スクリーン、沈砂槽、沈殿槽またはストレーナー、貯留槽のうち必要なものを組み合わせて構成される。なお、ストレーナーは、沈殿槽の代わりに有機浮遊物や細砂などを除去するための装置である。また、消火用水の貯留を兼ねる場合の貯留槽は、図2・60に示すように、通常の雨水利用によって消火用水が減ることがないようにする。
ⓑ **主処理工程** ろ過装置により、浮遊物質を除去する工程であり、ろ材には、砂、アンスラサイト、繊維が用いられる。用途が便所洗浄水に限られる場合は、主処理が省略されることがある。

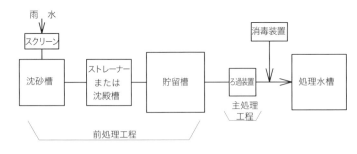

図2・59 雨水処理の工程

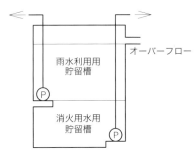

図2・60 消防用水の貯留を兼ねる場合

2）集水量と貯留槽の容量

ⓐ集水量　集水量 R（m³）は、次式で求められる。

$$R = A \times r \times 10^{-3} \times \phi \quad \cdots\cdots (2\cdot15)$$

　　　A：集水面積（m²）　　r：降水量（mm）　　ϕ：流出係数

　沈砂槽の容量を決定する場合は、上式の降水量に1時間最大降水量を用いて「計画時間最大雨水集水量」を算出し、その1分間分以上の容量とする。

ⓑ貯留槽の容量　貯留槽の容量は、上式に1年間の日々の降水量のデータを入力して算出した日々の降水量と使用状況を考慮して決める。簡易には、図2·61に示す雨水貯留容量計画線図から求める方法がある。

ⓒ貯留槽容量の計算例　事務所ビルにおいて、雨水を便所洗浄水に使用するときの貯留槽の容量 V を求める。ただし、便所洗浄水の1日の使用水量 $Q_d = 20$m³、集水面積 $A = 1000$m²、流出係数 $\phi = 0.9$、雨水利用率0.95とする。

　図2·61において、$Q_d/A = 0.02$のグラフで雨水利用率0.95のときの V/A の値は0.06となる。

$$V = 0.06A = 0.06 \times 1000 = 60\text{m}^3$$

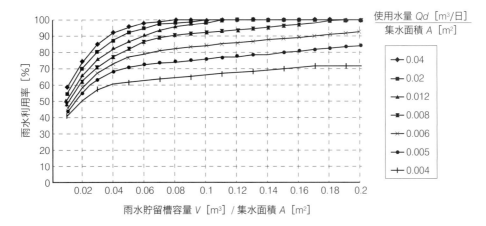

図2·61　雨水貯留容量計画線図　（(社) 公共建築協会「排水再利用・雨水利用システム計画基準・同解説」による）

2·6 ガス設備

■ ガス設備の概要

1）ガス設備の歴史

　人類が使用した最初のエネルギーは火であり、薪や木炭を摩擦熱で発火させたものであった。16世紀頃には木炭の需要が高まり森林が急速に減少したが、しだいに石炭が主力のエネルギー源となった。18世紀の末ごろ、イギリスの科学者が石炭を蒸し焼きにしてガスを生成し照明に使用したのが、ガスエネルギーの利用の始まりである。

　わが国の初期のガス利用としては、1857年、薩摩藩における石灯籠の明かり、1871年、大阪の造幣局周辺のガス灯の設置（図2·62）、1872年、横浜における神奈川県庁前のガス灯設置などが知られている。1900年代に入ると、炊事や暖房にもガスが使用されるようになった。1950年頃には石油から精製するガスが増え、1970年頃には天然ガスが増え始め、1990年以降は天然ガスを原料とした都市ガスが主流となった。

2）ガス設備の構成

　ガス設備は、ガスを建築物内の必要箇所へ供給するために設けられるものである。ガスは、家庭用や業務用の燃料のほか、空気調和設備の熱源、コージェネレーションの一次エネルギーなどとして用いられている。ガス設備は、ガス器具、ガス管、ガスメーター、安全装置などで構成されている。

図2·62　造幣局（大阪）のガス灯

図2·63　ガスホルダの例

表2·23　都市ガス（13A）の組成の例（体積%）

成　分	東京ガス	東日本ガス	東邦ガス	大阪ガス	西部ガス
メタン	89.6	89.6	87.4	88.9	90.2
エタン	5.6	5.6	6.0	6.8	4.5
プロパン	3.4	3.4	5.5	3.1	3.2
ブタン	1.4	1.4	1.0	1.2	2.0

　注　ガスの組成は一定でないため、数値は代表値となっている。

2 ガスの種類

ガスの種類には、都市ガスと液化石油ガスがある。都市ガスは図2・63のようなガス会社のガスホルダ（ガスタンク）から導管で供給され、液化石油ガスは敷地内に設置した容器に充填して建築物内に供給される。

1）都市ガス

都市ガスには、13A、12A、6A、5C、L1（6B、6C、7C）、L2（5AN、5A、5B）、L3（4A、4B、4C）の7つのグループがある。その種類を示す記号のうち、数字は、ガスの発熱量（MJ/Nm^3）をガスの比重の平方根で除したウォッベ指数に関係し、アルファベットは、燃焼速度（Aは遅く、Bは中間、Cは早い）を示している。多くのガス会社は、13Aを採用しており、13Aへの統一が進められている。表2・23は、都市ガス（13A）の組成の例を示したものである。

都市ガスは、表2・24のような圧力で供給される。供給圧力を高圧とすると、過大な管径の導管としなくても多量のガスを供給することができる。ガス工場で製造された都市ガスは、高圧または中圧で送り出され、圧力調整装置（ガバナ）で減圧して、各種施設や住宅などに供給される（図2・64）。

2）液化石油ガス

液化石油ガスは、一般にLPガスと呼ばれ、常温でも加圧すると容易に液化し体積が約250分の1になるので、容器に充填され供給されている。LPガスは、プロパン、ブタンなどからなり、組成によって表2・25のような規格がある。LPガスは空気の1.5倍～2倍の重さがあり、漏洩時には床面に滞留する。

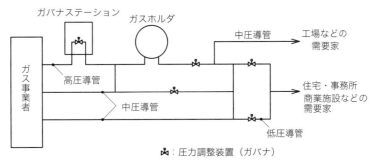

図2・64 都市ガスの供給の概念図

表2・24 都市ガスの供給圧力

種 類	供給圧力	用 途
低 圧	0.1Mpa 未満	中規模施設や集合住宅、独立住宅など
中 圧	0.1 以上 1Mpa 未満	地域冷暖房、大規模施設、工場など
高 圧	1Mpa 以上	火力発電所など

表2・25 液化石油ガスの規格

JIS 規格		プロパン、プロピレン	ブタン、ブチレン	エタン、エチレン	ブタジエン	LPガス法による名称
1種	1号	80%以上	20%以下	5%以下	0.5%以下	い号
	2号	60%以上、80%未満	40%以下			ろ号
	3号	60%未満	30%以上			は号

❸ガスの配管

ガスの配管設計においては、機器の設置位置や配管経路、ガス流量、管径、給排気方式、および安全装置の設置などが決定される。ガス流量は、機器の同時使用率を考慮して算定され、管径は、ガスの流量や管の長さなどによって決められる。

ガス管には、鋳鉄管、配管用鋼管（SGP管）、ポリエチレン管（PE管）、塩化ビニル被覆鋼管（PLS管）、ステンレス管、フレキシブル管などが用いられる。SGP管には、亜鉛メッキを施した白管と、亜鉛メッキのない黒管がある。土中埋設には、PE管とPLS管が用いられる。

ガス管の材質は、管径や用途を考慮して選ぶようにする。

❹ガス機器の給排気方式

ガス機器の給排気方式には、図2・65のような種類がある。ガスが不完全燃焼を起こすと、一酸化炭素を発生させ死亡事故を招くおそれがあるため、機器の給排気を確実に行うとともに、機器使用時に室内の換気が十分に行えるようにする。

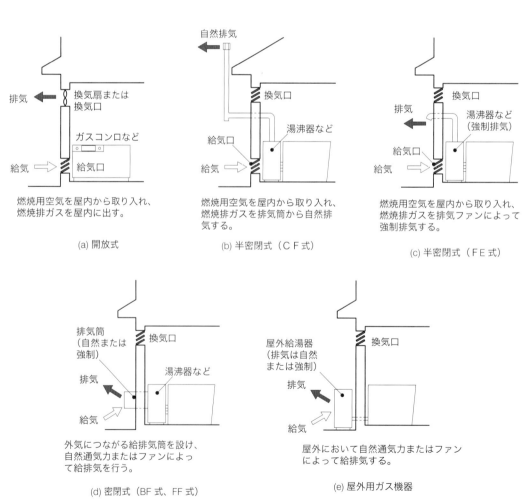

図2・65　ガス機器の給排気方式

1）開放式

機器の周囲の空気を燃焼に使用し、燃焼排ガスを機器の周囲に放出する方式を開放式という。

2）半密閉式

機器の周囲の空気を燃焼に使用し、燃焼排ガスを排気筒などによって屋外に放出する方式を半密閉式といい、自然排気式（CF式）と強制排気式（FE式）がある。

3）密閉式

外気につながる排気筒を設け、外気を取り入れて燃焼に使用し、燃焼排ガスを屋外に放出する方式を密閉式といい、自然給排気式（BF式）と強制給排気式（FF式）がある。密閉式のガス機器を設置する場合は、それに伴う室内の換気は考慮しなくてよい。

5 ガスの安全装置

1）住宅のガス安全装置

独立住宅や集合住宅の各住戸などにおいては、ガスの安全装置として、メーターにガス遮断機能を付加したマイコンメーター（図2・66（a））のほか、ガス機器の立ち消え安全装置、ヒューズガス栓（図2・66（b））、ガス漏れ警報器（図2・66（c））などが取りつけられている。マイコンメーターは、ガス漏れ、地震動、ガス圧力低下、ガス機器の消し忘れなどにより作動する。

2）ガス漏れ火災警報設備

大規模な建築物の地階や地下街などで、消防法施行令21条の2に該当する建築物には、ガス漏れ火災警報設備の設置が義務づけられる。ガス漏れ火災警報設備は、図2・67に示す受信機を中心に、検知器、警報装置などからなり、一般に、緊急ガス遮断弁に起動信号を送ることができる。

(a) マイコンメーター

(b) ヒューズガス栓

(c) ガス漏れ警報器

図2・66 住宅のガス安全装置の例

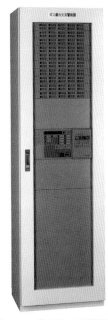

図2・67 ガス漏れ火災警報設備の受信機の例 (提供：ホーチキ)

3）高層建築物のガス安全装置

高層建築物のガス安全装置には、引込管ガス遮断装置、緊急ガス遮断装置、自動ガス遮断装置などがある（図2·68）。

ⓐ 引込管ガス遮断装置 ガスの導管から敷地内に引き込むガス管（ガス引込管）の敷地境界線付近の敷地内に設置するもので、地上から容易に操作できるガス遮断装置である。

ⓑ 緊急ガス遮断装置 建築物へのガス管の引き込み部分に設置するもので、ガス漏れ警報器からの信号、感震器の地震感知信号、防災センターなどからの遠隔操作によってガスを遮断する。停電時に自動的に作動するように設定することもできる。

ⓒ 業務用自動ガス遮断装置 建築物内に貸店舗や厨房などがある場合は、これらの施設ごとにガス漏れ警報機と連動した業務用自動ガス遮断装置を設ける。

ⓓ ガス配管 建築物の外壁貫通部分付近は、PE管を除き溶接接合とし、主立て管および主立て管から分岐後の第一固定点までは溶接接合またはねじ接合とするなど、ガス配管は抜け落ちることのない構造とする。また、都市ガスは比重が小さく高層部ほど高圧となるので、必要に応じて圧力調整装置を設置する。

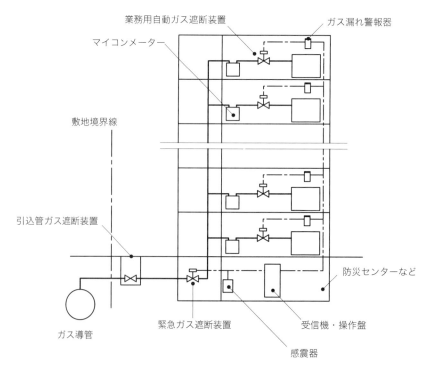

図2·68 高層建築物のガス安全装置

3章　空気調和・換気設備

3・1 空気調和・換気設備の概要

1 空気調和とは

　空気調和設備は、室内空気の気温、湿度、気流などの温熱環境条件と清浄度を所定の範囲に抑えることを目的として設置される。空気調和設備は、工場などで室内を製品の製造に適した温熱環境や清浄度とするために設置される「産業用空調」と、事務所や学校、住宅などの室内で人間が快適に過ごせるようにするために設置される「保健用空調」に大別される。本書では、後者について説明する。

　人が感じる「快適」は、表3・1のように、消極的快適と積極的快適に分けられる。消極的快適とは、気温、湿度、気流などが丁度良く、身体にストレスを感じないときに感じる「快適」である。一方、積極的快適とは、例えば暑くて汗ばんでいるときに風が吹き涼感を得るような「快適」である。

　空気調和設備は、居住者の身体に温熱的なストレスを与えないような温熱環境条件、いわば消極的快適を実現することを目的として設置されることがほとんどである。具体的には、空気の清浄度を保つために外気を取り込んで換気を行いながら、外気温の低い冬季には、図3・1 (a) のような壁や窓などからの貫流や換気・すきま風により室外に逃げる熱を補い、外気温の高い夏季には、図3・1 (b) のような室外から室内に侵入する熱、さらには室内にある電気製品や居住者から発生する熱などを除去する。

　空気調和設備が補う熱や除去する熱を熱負荷という。

表3・1　消極的快適と積極的快適

消極的快適	積極的快適
・不快・ストレスの除去 ・安全性 ・健康の維持 ・不快者率が低い ・定常性（長時間安定的である）	・適度な刺激により、「快適」が知覚される ・不快者率が低いとは限らない ・間欠的刺激 ・同じ刺激でも、環境や対象の条件によって感じ方が異なる場合がある。

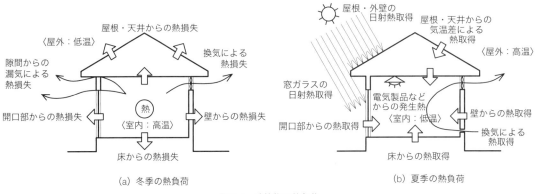

図3・1　建築物の熱負荷

2 暑さ・寒さの感覚と指標

　食事で摂った食物が体内で各種の酵素の働きによって消化・吸収される際に、熱を発生する。この熱を代謝熱というが、人体はこの代謝熱を体外に放散することにより、体温を平熱付近に維持している（図3・2）。熱放散がうまくいかなければ体温が上昇し、人は暑さを感じるようになる。また、熱放散が多すぎると体温が下降し、寒さを感じるようになる。人の暑さ・寒さの感覚は、代謝により生産された熱と体外に放散される熱とのバランスによって生じる。

1）温熱環境の6要素

　気温が高い日でも、乾いた風が体にあたると涼しく感じられる。気温の高さは体外への熱放散を妨げるが、低い湿度と風は、対流や汗の蒸発に伴う体外への熱放散を増やす。このように人間の暑さ・寒さの感覚は、気温の高低に大きく影響されるが、気温以外にも湿度や風（気流）、さらには周囲の壁や窓、天井などの表面温度（放射）によっても影響を受ける。暑さ・寒さの感覚に影響を及ぼす気温、湿度、気流、放射を、環境側の温熱4要素という。

　環境側の4要素以外に、暑さ・寒さに影響を及ぼす要素に着衣量と作業量がある。衣服は体外への熱放散を抑える断熱材のように働く。強い筋作業は筋肉での熱生産を大きくし、体温を上昇させる。図3・3は、エネルギー代謝率（着座安静時の代謝生産熱量を1としたときの、各作業時の代謝生産熱量の倍率）を表したものである。着衣量と作業量は、暑さ・寒さの感覚に影響を及ぼす人体側の2要素である。前述の環境側の4要素と人体側の2要素を合わせたものを温熱6要素という。

　空調設備は環境側の4要素を調整する設備であるが、空調設備の運転・調節は、気温だけでなく、人体側の2要素もあわせた6要素全てを考慮して決められるべきである。

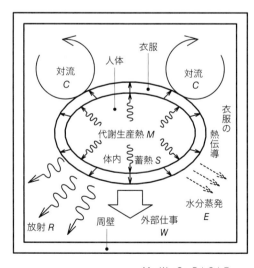

$$M-W-S=R+C+E$$

図3・2　人体の熱収支

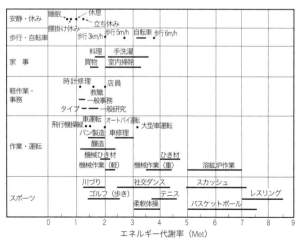

図3・3　作業別の人体エネルギー代謝率（日本建築学会編『建築設計資料集成　環境』蔵澄美仁氏らの実測結果による）

2）体感温度指標

前述した環境側の4要素と人体側の2要素のうちのいくつかを組み合わせたさまざまな温熱環境評価指標が提案されている。このうち現在は6要素を全て含むPMVやSET*がよく使われる。

❶ PMV 予測平均温冷感申告（PMV）は、温熱6要素を変数とした関数によって求められ、温冷感に対する−3から＋3の数値で示される。PMVの値に対して何％の人が不満足に感じるかを示す割合を予測不快者率（PPD）といい、PMVとの関係は、図3・4のようになる。

❷ SET* 新有効温度（ET*）は、ある温湿度状態の環境と放熱量、平均皮膚温度、発汗状態が等しくなる湿度50％のときの気温で表される。着座安静時、標準着衣量、静穏気流、周壁表面温度が気温と等しいときのET*を、標準有効温度（SET*）という（図3・5）。

3）空気調和の室内温熱環境条件

目標とされる室内空気の温熱環境条件と清浄度は、対象となる室の用途に応じて決まる。事務室については一般に次の値が用いられる。

夏季：乾球温度26℃（省エネルギー推奨温度28℃）、相対湿度50％
冬季：乾球温度22℃（省エネルギー推奨温度18℃）、相対湿度50％

表3・2に建築物における衛生的環境の確保に関する法律（ビル管理法）で示された特定建築物※の室内の空気環境の基準を示す。居室の気温を外気温より低くする場合は、コールドショック対策のため、その差を著しく大きくしないこととされ、その目安は5℃前後とされる。

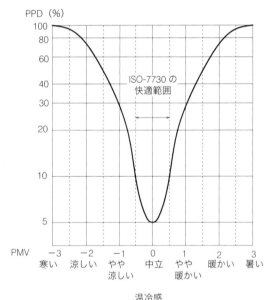

図3・4　PMVとPPD

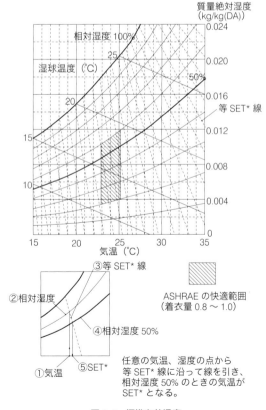

図3・5　標準有効温度

表3・2　空気環境の基準（建築物における衛生的環境の確保に関する法律）

項　　目	基　　準
気温	17℃～28℃
相対湿度	40％以上、70％以下
気流	0.5m/s以下
浮遊粉塵量	空気1m³につき0.15mg以下
CO濃度	10ppm（0.001％）以下
CO_2濃度	1000ppm（0.1％）以下

※　特定建築物：本法律において、映画館、百貨店、事務所、学校などの特定用途に利用される部分の面積が、3000m²以上（学校教育法第1条に規定する学校の場合は8000m²以上）の建築物。

3 空気調和設備の基本構成

空気調和設備は、一般に、熱源装置、空気処理装置、搬送装置、制御装置などからなる。建築物の地下や最上階などに熱源装置を配置し、ダクトや配管を通して建築物全体に熱を供給するものを中央式※といい、空調対象居室およびその近傍に機器を配置するものを個別式という。

1）熱源装置
空調機内にあるコイルを冷却するための冷水をつくる冷凍機や、コイルを加熱するための温水または高圧蒸気をつくるボイラが熱源装置に相当する。

2）空気処理装置
熱源装置で作られた冷水または温水から冷風や温風をつくる熱交換器や、室内空気中のチリや埃を取り除く空気清浄装置、加湿装置などが含まれる。

3）搬送装置
熱源で作られた冷温水を空気処理装置まで送るポンプ・配管、継手・バルブ類や、空調機で作られた冷温風を空調対象室まで送る送風機やダクトが搬送装置に相当する。

4）制御装置
空調対象室の気温や湿度の状態を感知し、熱源装置や搬送装置の運転を制御する装置で、温度を制御するサーモスタットや湿度を制御するヒューミディスタットなどがこれに相当する。

図3・6に中央式空調設備の基本構成を示す。

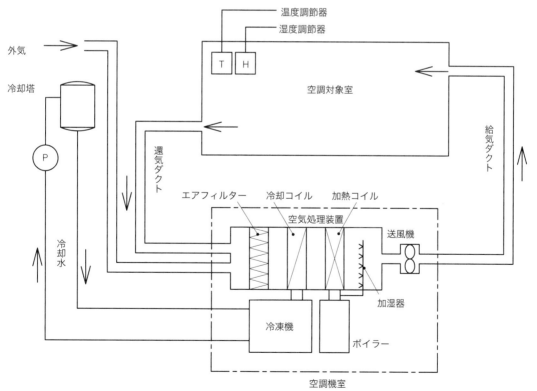

図3・6 中央式空調機の基本構成

※ 中央式：熱源機器の配置による空気調和方式の分類の一つ。建物のある箇所（例えば、地下や最上階など）に熱源機器を配置し、そこからダクトや配管を通して建物全体に熱を供給する方式。

3・2 空気調和の基本事項

1 湿り空気線図

1）乾き空気と湿り空気

水蒸気を含まない空気を乾き空気といい、表3・3に示すような組成となっている。一方、我々が通常接している空気は水蒸気を含んでいる。水蒸気を含む空気を湿り空気という。地表付近の空気に含まれる水蒸気は質量比で数％程度であるが、そのわずかな水蒸気の増減によって空気中に含まれる熱量が変動し、空気調和設備の運転に影響を及ぼす。

2）湿り空気の状態値

湿り空気の状態は、乾球温度、湿球温度、水蒸気分圧、相対湿度、絶対湿度、露点温度、比エンタルピーなどによって表される。

ⓐ 乾球温度　　乾球温度計で計測した気温［℃］。
ⓑ 湿球温度　　湿球温度計で計測した気温［℃］。
ⓒ 水蒸気分圧　各種ガスや水蒸気からなる湿り空気の全圧力の中に占める水蒸気の圧力［Pa］。

表3・3　乾き空気の組成（％）

種類	窒素	酸素	アルゴン	二酸化炭素
体積組成	78.08	20.95	0.93	0.04
質量組成	75.52	23.14	1.28	0.06

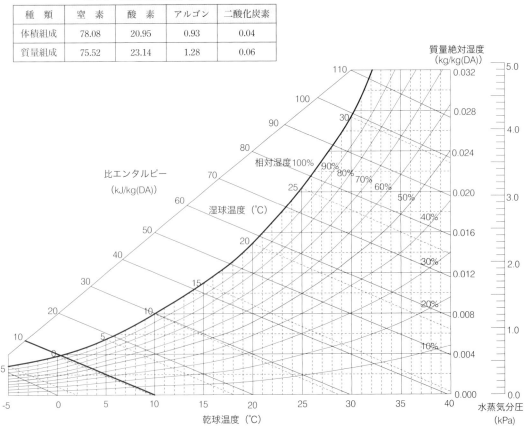

図3・7　湿り空気線図の例

ⓓ相対湿度 　　湿り空気の水蒸気分圧の飽和水蒸気圧に対する百分率［%］。

ⓔ絶対湿度 　　乾燥空気 1 kg に対する水蒸気の質量［kg/kg（DA）］。

ⓕ露点温度 　　湿り空気を冷却していき水蒸気が飽和状態となったときの温度［℃］。

ⓖ比エンタルピー 　　湿り空気に含まれる全熱量［kJ/kg（DA）］。0℃ の乾き空気をその温度まで上げるのに要した熱量（顕熱）と、0℃ の水を水蒸気に気化させてさらにその温度まで上げるのに要した熱量（潜熱＋顕熱）の合計。比エンタルピー i は、次式で求められる。

$$i = 1.006\,t + (2501 + 1.805t)\,x \quad [\text{kJ/kg (DA)}]$$

　　ただし、1.006：乾き空気の定圧比熱［kJ/（kg・K）］、2501：水蒸気の蒸発潜熱［kJ/kg］、
　　　　　1.805：水蒸気の定圧比熱［kJ/（kg・K）］
　　　　　t：湿り空気の温度［℃］　x：絶対湿度［kg/kg（DA）］

3）湿り空気線図の使い方

　湿り空気線図とは、前述した湿り空気の各状態値の関係を一つのグラフにまとめたものである。図 3・7 に湿り空気線図の例を示す。状態値のうちいずれか二つ（例えば、乾球温度と相対湿度）がわかれば、線図上にその湿り空気の状態点が決まり、その状態点からその他の状態値も読み取ることができる。たとえば、図 3・8 において、乾球温度 25℃、相対湿度 50% とすると、湿球温度 17.9℃、絶対湿度 0.010［kg/kg（DA）］、水蒸気分圧 1.55［kPa］、比エンタルピー 50.6［kJ/kg（DA）］となる。

　露点温度は、ある状態点より、絶対湿度一定のまま相対湿度 100［%］の線と当接するまで左へ移動し、その当接点より乾球温度の線と平行に下方に移動した乾球温度の目盛りを読み取ることで求められる。

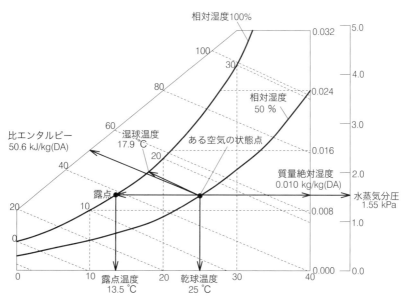

図 3・8　湿り空気線図の見方

2 湿り空気の状態変化

1）加熱

　中央式の空気調和設備やルームエアコンでは、湿り空気の加熱は、室内空気の乾球温度よりも高温にしたコイルと室内空気を熱交換させることにより行う。このように、湿り空気への加湿や除湿を伴わない加熱では、絶対湿度が一定であるため、図3・9 (a) に示すように、湿り空気線図上では、状態点から右方向へ乾球温度の上昇分だけ移動する。

2）冷却

　湿り空気の冷却は、湿り空気の乾球温度よりも低温にしたコイルと室内空気を熱交換させることにより行う。このとき、加湿や除湿を伴わなければ、湿り空気線図上では、状態点から左方向へ乾球温度の下降分だけ移動する（図3・9 (b)）。しかし、一般にコイルの表面温度は室内空気の露点温度より低く、そのため湿り空気中の水蒸気の一部はコイル表面上で結露し、結果として湿り空気は除湿されることが多い。その場合、冷却後の湿り空気の状態点は、図3・9 (c) に示すように、元の状態点と、コイル表面の状態点（乾球温度はコイルの表面温度で相対湿度100％の点）を結ぶ線分上に移動する。線分上のどこに移動するかは、コイルの形状によって決まるBF（バイパスファクタ）※による。

3）混合

　空調機から対象室へ温風・冷風を送る空気式の空気調和設備では、換気のために新鮮外気を混合する。混合された後の湿り空気の状態点は、室内空気の状態点と新鮮外気の状態点を結んだ線分上となり、どこに位置するかは混合した室内空気と新鮮外気の割合によって決まる。

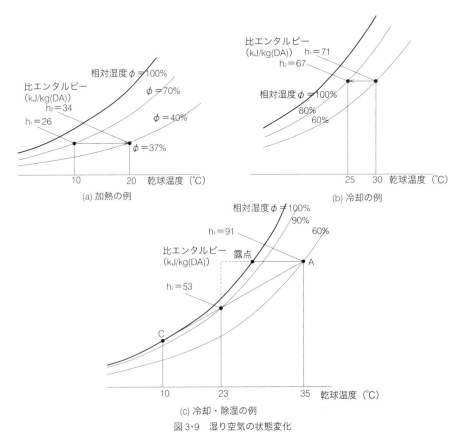

図3・9　湿り空気の状態変化

※　BF（バイパスファクタ）：冷却コイルに接触しない空気の割合。

4）冷房のプロセス

図3・10(a)は、全空気方式※の空気調和設備での冷房のプロセスを示す。冷房対象室からの還気（①）と新鮮外気（②）が空調機の入り口で混合される（③）。空調機に送られた混合空気は、コイルと熱交換することで冷却・除湿されて（④）、冷房対象室へ供給される（⑤）。

エアコンによる冷房では、室内空気を室内機内に吸引し冷却コイルと接触・熱交換させることにより冷却させる。このとき、冷却コイルの表面温度が吸引した室内空気の露点温度より低温であれば、冷却とともに除湿される。冷却された空気は室内に吹出される。換気は別に備える換気設備によって行われる。熱交換型換気扇であれば、室内空気は、顕熱のみあるいは顕熱と潜熱が交換されながら、新鮮外気と換気される。

5）暖房のプロセス

図3・10 (b) は暖房のプロセスを示す。暖房対象室からの還気（①）と新鮮外気（②）が空調機の入り口で混合される（③）。空調機に送られた混合空気は、コイルと熱交換することで加熱されて（④）、暖房対象室へ供給される。このとき暖房対象室に供給される空気の相対湿度は低下しているため、徐々に暖房対象室の空気の相対湿度を低下させ、暖房対象室の空気を乾燥させることになる。暖房対象室の空気が乾燥し過ぎると居住者にとっては不快であるため、加湿して（⑤）暖房対象室に供給する（⑥）。

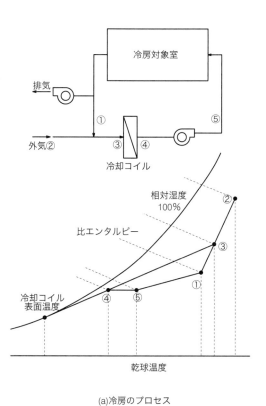

(a)冷房のプロセス　　(b)暖房のプロセス

図3・10　冷暖房のプロセス

※　全空気方式：空気調和設備の分類の一つ。3・3 **1** で学習する。

6) 顕熱比 SHF

室内の湿り空気は、冷暖房のプロセスで加熱・冷却、除湿・加湿され、温度、湿度ともに変動する。冷暖房される前の状態点の湿り空気の比エンタルピーと冷暖房後の状態点の湿り空気の比エンタルピーの差が、空調機で加えられた、あるいは取り除かれた全熱量（顕熱＋潜熱）である。この全熱量変動のうち、乾球温度の変動分に相当するのが顕熱量変動であり、全熱量変動に占める顕熱量変動の割合は顕熱比と呼ばれる。

後述する空調対象室の冷暖房負荷計算の結果から顕熱負荷と潜熱負荷が求められるが、顕熱比は空調対象室の室内温度・湿度を一定に保つために送風する空気の温度・湿度を決定するのに使われる。

3 外気条件

本節1で述べたように、空気調和設備は、屋外へ逃げる熱を補ったり、屋外から室内に侵入する熱を取り去ったりしながら、換気のために外気の導入も行う。すなわち、ある建築物に対してどれくらいの空気調和設備が必要になるのかを計算する際には、室内の空気の状態のほかに、屋外の空気の状態、具体的には外気の乾球温度、絶対湿度などを知らなければならない。表3・4は、わが国の主要都市での冷房・暖房設計用の外気の乾球温度と絶対湿度を示したものである。この数値は20年間の観測データから求められたもので、超過率2.5%[※]の温湿度である。計算精度をあげるには時刻別のデータが必要となる。空気調和・衛生工学会便覧には日本の主要都市の時刻別設計用外気条件が示されている。

表3・4 冷暖房設計用外気温湿度の例 (数値は、空気調和・衛生工学会「日本各地の冷暖房設計用温湿度の基礎データ」による)

地点	緯度 （北緯）	経度 （東経）	標高 (m)	暖房設計用			冷房設計用		
				日最低気温 (℃)	日最高気温 (℃)	絶対湿度 kg/kg(DA)	日最低気温 (℃)	日最高気温 (℃)	絶対湿度 kg/kg(DA)
札幌	43°03′	141°20′	17.2	-11.7	-6.9	0.0011	23.6	30.8	0.0172
仙台	38°16′	140°54′	38.9	-5.1	-0.8	0.0016	25.0	31.9	0.0192
新潟	37°55′	139°03′	1.9	-2.5	-0.5	0.0021	27.0	33.9	0.0195
長野	36°40′	138°12′	418.2	-8.3	-2.5	0.0019	24.8	34.0	0.0183
東京	35°41′	139°46′	5.3	-0.3	3.4	0.0013	27.6	34.0	0.0195
横浜	35°26′	139°39′	39.1	-0.8	3.0	0.0014	26.6	33.2	0.0201
名古屋	35°10′	136°58′	51.1	-2.6	2.9	0.0018	26.8	35.5	0.0200
京都	35°01′	135°44′	41.4	-2.3	2.9	0.0019	27.0	35.8	0.0190
大阪	34°41′	135°31′	23.1	-0.6	4.1	0.0019	28.3	35.1	0.0194
広島	34°22′	132°26′	29.1	-1.9	3.0	0.0019	27.3	34.3	0.0204
松江	35°27′	133°04′	16.9	-1.8	0.6	0.0023	27.1	34.1	0.0203
高知	33°33′	133°32′	1.9	-2.6	6.1	0.0016	26.4	33.5	0.0202
福岡	33°35′	130°23′	2.5	0.0	3.0	0.0021	28.2	34.3	0.0206
鹿児島	31°34′	130°33′	4.2	-0.5	5.9	0.0023	28.1	34.0	0.0208
那覇	26°14′	127°41′	34.9	11.4	13.4	0.0048	28.5	32.5	0.0222

注 1981年～2000年のデータによる

※ 超過率2.5%：観測期間が120日の場合、その2.5%にあたる3日間だけ、この数値を超過する日があることを示す。

3•3 空気調和方式

空気調和設備は、建築物内での熱源装置の配置や熱源装置と空気処理装置とのあいだの熱の搬送媒体により分類できる。冷暖房計画においては、対象室に要求される条件に応じて、最適な方式の空気調和設備を選定する。

1つの建築物内でも使用用途や方位などによって要求される条件が異なることもある。場合によってはいくつかの方式を組み合わせることもある。

空気調和方式は、熱源装置の配置により中央式と個別式に分けられる。中央式は、建築物のある箇所に熱源装置を配置し、そこからダクトや配管を通して建築物全体に熱を供給する方式であり、個別式は、建築物内で空調対象室やゾーン毎に空気調和装置を分散配置し、空調対象室やゾーン毎に熱を供給する方式である。

また、熱源装置から空気処理装置に搬送する熱媒の種類により、全空気方式、全水方式、水－空気方式、冷媒方式に分類することができる。表3•5は各方式の特徴をまとめたものである。

1 全空気方式

全空気方式には、空気処理装置から一本の主ダクトと分岐ダクトで温風・冷風を空調対象ゾーンに送風する単一ダクト方式と、温風と冷風をそれぞれ別のダクトで送風し空調対象ゾーンの直前で適宜混合する二重ダクト方式がある。ダクトスペースが小さく済むことや工期が短いことから、単一ダクト方式が主流となっている。

単一ダクト方式には、定風量単一ダクト方式と変風量単一ダクト方式がある。

表3•5 熱媒の種類による空調機の分類

種類	全空気方式	水－空気方式	全水方式	冷媒方式
図	(空調対象ゾーン、温冷風、還気、還気ダクト、給気ダクト、熱源、空気処理装置、空調機械室)	(空調対象ゾーン、温冷風、還気、室内ユニット、冷温水配管、還気ダクト、給気ダクト、熱源、空気処理装置、空調機械室)	(空調対象ゾーン、温冷風、還気、室内ユニット、冷温水配管、熱源、空調機械室)	(空調対象ゾーン、温冷風、還気、室内ユニット、冷媒配管、熱源)
特徴	空調機械室にエアハンドリングユニットなどの空気処理装置と熱源を配置し、空気処理装置から空調対象ゾーンにダクトによって冷温風を送る。	空調機械室に空気処理装置と熱源を配置し、一次空調機から空調対象ゾーンにダクトによって冷温風を送るとともに、ファン・コイルなどを内蔵した室内ユニットに冷温水を送り、二次空調を行う。	空調機械室に熱源を配置し、空調対象ゾーンにあるファン・コイルなどを内蔵した室内ユニットに冷温水を送る。	空調対象ゾーンに熱源を内蔵した空調機を設置するか、室外機と空調対象ゾーン内の室内ユニットを冷媒配管でつなぎ、空調を行う。

1）定風量単一ダクト方式（CAV方式）

　定風量単一ダクト方式は、図3・11（a）のように、空調機でつくった温風・冷風をダクトにより一定の風量で空調対象ゾーンに送風する方式である。空調対象ゾーンの負荷変動に対して、空調機でつくる送風温度・湿度を変えて対応する。一台の空調機で負荷の異なる複数の室を空調する場合は、代表する室にあわせた送風温度・湿度となるため、その他の室では目的の温熱環境条件とならないことがある。そのため、この方式はホールのように部分による熱負荷の差が小さい大空間に向いている。

　空調対象室や各ゾーンの負荷の特性が異なる場合は、図3・11（b）のように、各階または各ゾーン毎に空調機を設置する方式や、図3・11（c）のように、低めの温度で送風し負荷に応じて再加熱する方式、図3・11（d）のように、各ゾーン毎に温度調整した空気を送風する方式がある。なお、（d）の方式は、暖房時には温風と外気または還気を混合し、冷房時には冷風と外気または還気を混合するもので、冷風と温風を混合するものではない。

2）変風量単一ダクト方式（VAV方式）

　変風量単一ダクト方式は、図3・12のように、空調機でつくった所定の温度・湿度の空気をダクトを通じて送風し、空調対象ゾーンの負荷の変動を温度・湿度感知器で感知し、ゾーン毎に設置した変風量ユニット（VAVユニット）により送風量を変えて対応する。送風量の調節は送風機のモーター回転数をインバーター制御することによって行う。

　この方式は、中・低負荷時に送風機の回転数を減らして搬送エネルギーを削減できることから、事務所ビルを中心に採用される。一方で、中・低負荷時には空調対象ゾーンへの新鮮空気の送風量も減少してしまうので、VAV方式を採用するときは、必要に応じて別に換気設備を計画する必要がある。

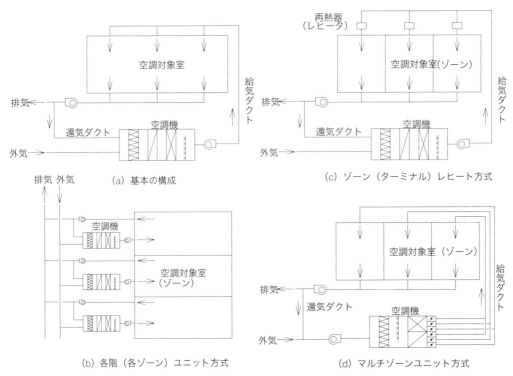

図3・11　定風量単一ダクト方式の構成

2 全水方式

　全水方式は、熱源機器から空調機などに温水・冷水を搬送するもので、ファンコイルユニット方式や放射冷暖房方式がある。

1）ファンコイルユニット方式

　ファンコイルユニットとは、金属板でできたケース内にエアフィルターと送風機（ファン）およびコイルを収納したユニットをいう。室内空気を送風機でケース内に吸引し、フィルターで塵埃を除去してから、冷水または温水が流れるコイルと接触・熱交換させ、冷却または加熱した空気を室内に吹き出す。ファンコイルユニットは、冷暖房負荷の変動の大きい壁際や窓下に設置されることが多い。図3・13にファンコイルユニット方式の構成を示す。

　ファンコイルユニット方式は、ユニット毎に on/off による個別制御が可能であることや、全空気方式のダクトと比べて冷温水配管はスペースを小さくできるという利点がある。一方で、室内空気を循環させるのみであるために、CAV方式と併用したり別に換気設備の設置が必要となる。

2）放射冷暖房方式

　窓下に設置したり天井や床に内蔵した放射パネルを冷水・温水で冷却・加熱し、低温・高温になったパネルからの放射によって居住者に熱を与える冷暖房方式である。この方式では、パネルからの自然対流がわずかに発生する程度で、気流が発生しない。また、室内空気温度を冷房時では高めに、暖房時では低めに設定できる。また、床放射や天井放射とした場合、室内に機器が置かれないため、スペース効率がよい。

　一方、放射パネルへの冷温水配管が必要となり、冷温水配管の破損による水損事故の危険性がある。また、パネルや配管を躯体に埋設すると、故障時の修理が容易でない。また、パネルの熱容量が大きい場合、パネルの表面温度がすぐに上下せず、冷暖房効果がすぐに発揮されない。

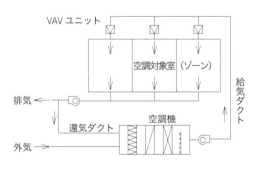

図3・12　変風量単一ダクト方式の構成

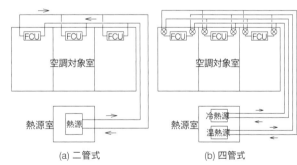

図3・13　ファンコイルユニット方式の構成

3 水-空気方式

水-空気方式には、前述の単一ダクト方式とファンコイルユニット方式または放射冷暖房方式を併用したものがある。事務所ビルにおいて冷暖房負荷の大きいペリメーターゾーンにファンコイルユニットを、インテリアゾーンに単一ダクト方式の吹出し口を設置することが多い（図3・14）。水-空気方式は、全水方式のファンコイルユニットを併用するため、全空気方式と比較して、ダクトスペースを小さくできる。また、前述したファンコイルユニット方式での換気不足が単一ダクト方式と併用することで解消される。

4 冷媒方式

冷媒方式には、熱源機器から空調機などに冷媒を搬送するものや、空調機に熱源を内蔵したものがあり、パッケージ空調機方式やマルチパッケージ方式がこの方式に相当する。パッケージ空調機方式には、一体型と分離型（セパレート型）がある。

1）パッケージ空調機方式

一体型は、金属板でできたケース内にエアフィルター、送風機、冷凍機および制御装置を収納したパッケージユニットを、空調対象ゾーンに単独または複数基設置して空調を行う方式である。冷凍機を後述するヒートポンプとすれば、冷房だけでなく暖房にも利用できる。空調機械室に設置したパッケージユニットに送風ダクトを接続して、建物全体またはゾーンを空調する方式もある。

分離型は、室外機に冷凍機またはヒートポンプを内蔵し、室内機にエアフィルター、送風機、制御装置を内蔵したもので、一般にルームエアコンと呼ばれる。

2）マルチパッケージ方式

マルチパッケージ方式とは、ユニットを室内機と室外機に分け、一台の室外機に複数台の室内機を対応させた方式である（図3・15）。

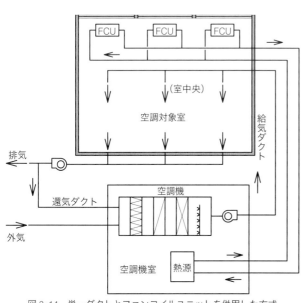

図3・14　単一ダクトとファンコイルユニットを併用した方式

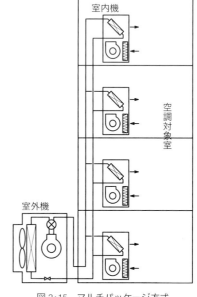

図3・15　マルチパッケージ方式

3・4 空調設備を構成する機器

1 熱源装置

熱源装置は、空調機に送る温水や冷水をつくる装置であり、温水をつくるボイラや冷水をつくる冷凍機のほか、温水・冷水をつくるヒートポンプがある。また、冷凍機は、主として蒸気圧縮式と吸収式に分けられる。

1）ボイラ

ボイラは、ガスなどの燃焼によって、温水や蒸気をつくる装置であり、鋳鉄製ボイラ、炉筒煙管ボイラ、貫流ボイラ、真空式温水発生機、無圧式温水発生機などがある。

2）蒸気圧縮式冷凍機

ⓐ 蒸気圧縮式冷凍機の原理　蒸気圧縮式冷凍機は、圧縮機、凝縮器、膨張弁、蒸発器の4つの部分とこれらをつなぐ配管、圧縮機を駆動するモーターから構成される。冷媒[※1]がこれらの機器間を循環することで、次のように冷水をつくる（図3・16）。

① 蒸発器で蒸発した冷媒は圧縮機に送られ、圧縮されて高温高圧の気体となる。

② 高圧の気体となった冷媒は凝縮器に送られる。凝縮器は外部から水または風で冷却[※2]されるため、高圧気体の冷媒は凝縮器で冷却されて凝縮し液体となる。

③ 凝縮器で液体となった冷媒は膨張弁に送られる。膨張弁を通過した冷媒は膨張して低圧の液体になり、蒸発器に送られる。このとき冷媒は、圧力が下がるともに、圧縮機で圧縮された際に与えられた圧縮熱も取りさられ低温になる。

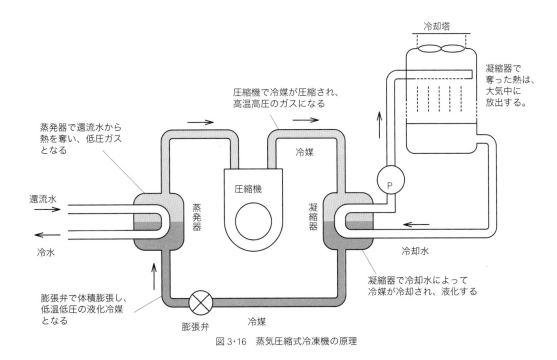

図3・16　蒸気圧縮式冷凍機の原理

※1　冷媒：人体に無害で、不燃性であり、凝縮しやすく、科学的に安定であるなどの理由から、フロンが使われていたが、オゾン層を破壊するため、代替フロンに置き換えられた。しかし、代替フロンは温室効果ガスであるため、現在は二酸化炭素やアンモニアなどの自然冷媒の開発が進められている。

※2　水または風で冷却：凝縮器を水で冷やす冷凍機は水冷式、空気で冷やす冷凍機は空冷式という。

④ごく低圧に保たれた蒸発器内には、内部を水が循環するコイルが配されている。ごく低圧の蒸発器内に送られた液体の冷媒は蒸発するが、その際コイル内を循環する水から冷媒蒸発のための潜熱を奪う。この結果、冷水がつくられる。

⑤蒸発器で蒸発し低圧の気体となった冷媒は、圧縮機に送られ圧縮され高圧の気体となる。蒸気圧縮式冷凍機はこのサイクルを繰り返して冷水をつくる。

❺モリエ線図　縦軸に冷媒の圧力を、横軸に冷媒の比エンタルピーをとり、冷凍機中の各部での冷媒の状態を図にしたものである。図3・17のモリエ線図で、a点からb点は圧縮機での冷媒の状態変化を表し、同様に、b点からc点が凝縮器、c点からd点が膨張弁、d点からa点は蒸発器での状態変化を表す。

圧縮機では、圧力がP_aからP_bへ高圧になると同時に圧縮熱も加えられるため、比エンタルピーがh_aからh_bに増加する。圧縮熱量は圧縮機を駆動するモーターで使われるエネルギーに相当する。凝縮器では冷媒から凝縮熱が放出され、その分比エンタルピーが減少する。蒸発器では$h_a - h_c$の蒸発潜熱が蒸発器内のコイルを流れる水から奪われる。このとき奪われる蒸発潜熱を冷凍効果とよぶ。この図の冷凍サイクルの冷凍効果、圧縮熱量、凝縮熱量は次式で表される。

冷凍効果 $Q_0 = h_a - h_c$

圧縮熱量 $A_L = h_b - h_a$

凝縮熱量 $Q = h_b - h_c$

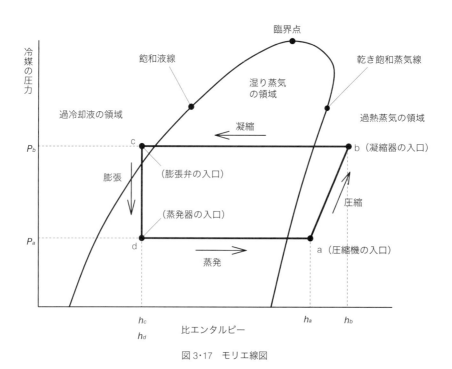

図3・17　モリエ線図

冷凍効果 Q_0 を圧縮熱量 A_L で割ったものは COP（Coefficient Of Performance：成績係数）と呼ばれ、冷凍機の効率を表す。COP は、次式で表され、数値が大きいほど効率がよいことを示す。

$$\text{COP} = \frac{Q_0}{A_L} = \frac{h_a - h_c}{h_b - h_a}$$

❻冷却塔　水冷式の冷凍機では、凝縮器を冷却する冷却水を再利用するため冷却塔が設けられる。冷却塔は、内部で水を蒸発させて、その際の蒸発潜熱により冷却水を冷却する。冷却水が大気と接触するかどうかで次のように開放式と密閉式に分けられる。なお、冷却塔は、クーリングタワーとも呼ばれる。

①開放式冷却塔は、内部で冷却水の数%を蒸発させ、その際の蒸発潜熱を利用して残りの冷却水を冷却する。開放式冷却塔の内部には、上方から散水された冷却水が十分に空気と接触しながら滴下するよう、形状などが工夫された充填材が充填されている。滴下する冷却水が十分に蒸発するよう、充填材にはファンにより送風される。冷却水が滴下する方向と送風方向により、向流（カウンターフロー）型と直交流（クロスフロー）型に分けられる（図 3・18）。開放式冷却塔では、蒸発して減少した冷却水を補給するため、給水装置が必要になる。

②密閉式冷却塔は、塔内部に設置されたコイル状の配管内に冷却水を循環させ、そのコイルに対して散水した水が蒸発する際の蒸発潜熱を利用して冷却水を冷却する。密閉式冷却塔の場合、冷却水は大気と接触しないために汚染のおそれが少ない。図 3・19 に密閉式冷却塔の概念図を示す。

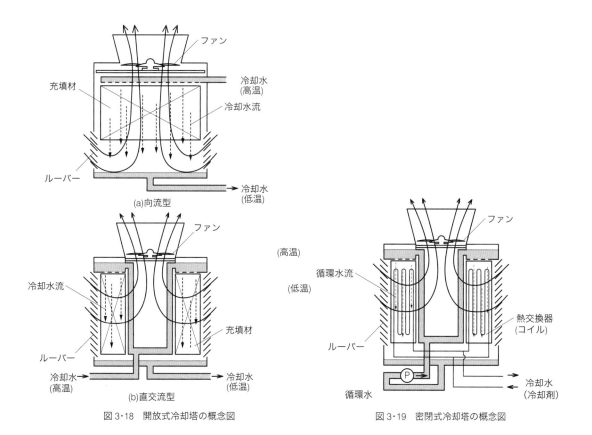

図 3・18　開放式冷却塔の概念図

図 3・19　密閉式冷却塔の概念図

3）吸収式冷凍機

吸収式冷凍機は、蒸発器、吸収器、再生器、凝縮器の4つの部分とこれらをつなぐ配管により構成される。吸収式冷凍機では冷媒として水が、吸収液として臭化リチウム（LiBr）が使用される。図3・20は吸収式冷凍機の冷凍原理を示すものであり、次のようなサイクルを繰り返して冷水をつくる。

①蒸発器内は、冷媒（水）が蒸発しやすいよう1kPa程度のごく低圧に保たれており、内部に水が循環する配管（コイル）が配されている。蒸発器内で冷媒（水）が蒸発する際に、コイル中を循環する水から蒸発潜熱を奪う。この結果、コイル中の水は冷却されて冷水となる。蒸発した冷媒（水蒸気）は、配管を通して吸収器内の吸収液に吸収されるため、蒸発器内が水蒸気で飽和になることはない。

②吸収器内に貯められた臭化リチウムは、蒸発器で蒸発した冷媒（水蒸気）を吸収する。この際に吸水熱が発生し吸収器は熱をもつため、外部から水で冷却される。

③冷媒（水蒸気）を吸収して希溶液となった吸収液は再生器に送られる。吸収器で希溶液となった吸収液は再生器で加熱され、吸収液中の水分（冷媒）は沸騰し分離する。水分（冷媒）が分離して濃溶液となった吸収液は吸収器に戻され、吸収液から分離させられた水蒸気（冷媒）は凝縮器に送られる。再生器内の圧力も大気より低圧なので、再生器を加熱する熱源には、直だきではなく給湯や暖房のために別に設置されたボイラーからの蒸気を利用することもできる。

④凝縮器は外部から水で冷却されている。凝縮器で冷媒（水蒸気）は冷却され凝縮する。凝縮した冷媒（水）は、蒸発器に送られる。

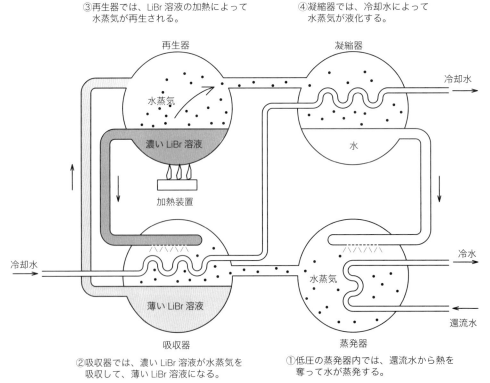

図3・20　吸収式冷凍機の原理

4）二重効用吸収式冷凍機

前述のようなサイクルの吸収式冷凍機は、特に単効用吸収式冷凍機と呼ばれる。単効用吸収式冷凍機では、再生器で吸収液の加熱に使われた熱は凝縮器で冷却水に捨てられてしまう。この熱をカスケード的に利用し効率を高めたものは二重効用吸収式冷凍機と呼ばれる。

二重効用吸収式冷凍機は、図3・21のように、希溶液となった吸収液を加熱し冷媒（水）と吸収液に分離させる再生器の部分が高温再生器と低温再生器の二つからなる。

このうち高温再生器が外部から加熱される。加熱された高温再生器内で吸収液より沸騰・分離した高温の冷媒（水蒸気）の熱により低温再生器が加熱される。

一方、高温再生器で冷媒（水蒸気）と分離され中濃度となった高温の吸収液は、熱交換器で高温再生器に向かう低濃度の吸収液に熱を与え、低温再生器に送られる。

二重効用吸収式冷凍機の高温再生器の加熱を、燃料の燃焼により行う方式は直だき吸収冷温水器と呼ばれる。直だき吸収冷温水器であれば、冷水と温水を同時に取り出すことができるため、ボイラと冷凍機の2台を設置する必要がなく、スペースを有効利用できる。

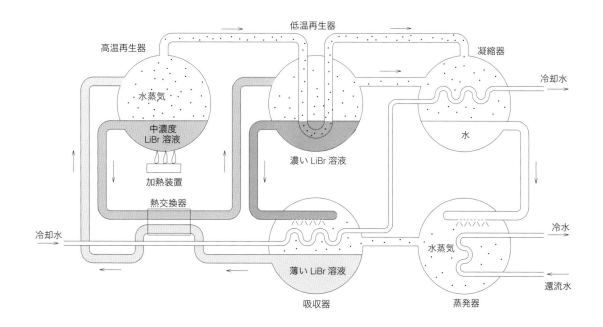

図3・21　二重効用吸収式冷凍機の原理

5）ヒートポンプ

　前述した蒸気圧縮式冷凍機では、蒸発器で冷水が作られながら、凝縮器からは冷媒の凝縮熱が放出される。この凝縮器から放出される熱を冬季に暖房や給湯に利用する冷凍機がヒートポンプである。

　ヒートポンプは、図3・22のように、蒸気圧縮式冷凍機の配管中に四方弁が取り付けられており、冷房期と暖房期で四方弁を切り替えることで、冷房期には室内側にあった蒸発器を暖房期には凝縮器とし、冷房期には屋外側にあった凝縮器を暖房期には蒸発器として働かせることができる。暖房期に低温な外気から高温な室内に熱をくみ上げることから、熱のポンプという意味でヒートポンプと呼ばれる。ヒートポンプは、室内の空気を暖めるのに電気エネルギーを直接利用するのではなく、冷媒の凝縮熱（潜熱）を利用するため、効率に優れる。

6）家庭用燃料電池

　家庭用燃料電池は、都市ガスやプロパンガス、石油を改質して水素を取り出し、大気中の酸素と反応させて発電し、同時に発生する排熱を利用して温水もつくり、暖房や給湯に利用する。電力を電力会社から供給される方法と比較すると、送電ロスがほとんどなく、また、発電時に発生した排熱の利用効率も高いため、エネルギーの総合利用効率が高い。また、発電時にエンジンやモーターを利用しないため騒音や振動がほとんどなく、都市ガスを熱源とした場合、改質する際に二酸化炭素が発生するが、窒素酸化物や硫黄酸化物の排出量が少ない。図3・23に家庭用燃料電池の原理を示す。

❷空気処理装置

1）熱交換器

　熱交換器は、熱源装置で作られた冷水または温水から冷風や温風をつくるもので、薄い金属板と銅管からなり、一般にコイルという。銅管中を熱源装置でつくられた冷水または温水が循環すると、銅

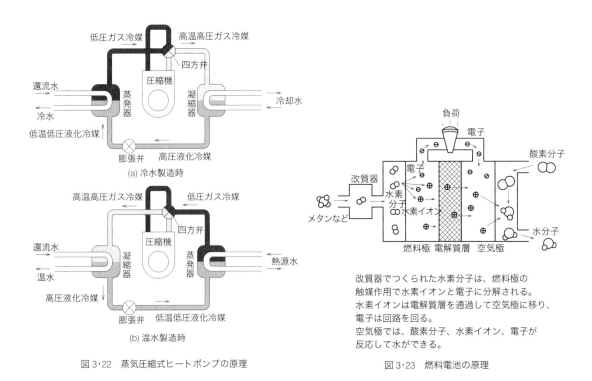

図3・22　蒸気圧縮式ヒートポンプの原理

図3・23　燃料電池の原理

管と金属板の熱伝導率が高いため、コイル全体が冷水で冷却され低温に、または温水で加熱され高温になる。低温または高温になったコイルに送風された空気があたると、空気とコイルとのあいだで熱交換され、冷風または温風がつくられる。つくられた冷風・温風は搬送装置により空調対象室に送られる。

2）空気清浄装置

空気式の空調設備では、空調対象室からのリターンエア（還気）に換気のために新鮮外気を混ぜ、混ぜ合わせた空気を熱源装置で再冷却または再加熱する。このとき、混合した空気中に含まれる塵埃を取り除くために、フィルターでろ過する。

フィルターには、一般にガラス繊維や不織布でできた乾式フィルターが使われ、フィルターを自動巻き取り式にして交換の手間を省力化したものもある。また、ダストを帯電させて静電作用によって吸着・捕集する静電式のものもある。クリーンルームなど特に空気の高い清浄度が要求される部屋では、より高性能なHEPAフィルター、ULPAフィルターが使用される（表3・6）。なお、空気中に浮遊する物質の粒径は、図3・24のようになる。

3）加湿装置

暖房時に、熱交換機で空調対象室への吹出し空気に顕熱のみが加えられるため、吹出し空気の相対湿度は低下する。空調対象室の過度の乾燥は居住者にとって不快であるため、加熱後の空気に水蒸気を付加する加湿装置が設置される。

加湿装置は、水をポンプで加圧し微細化して噴霧する水噴霧式や専用のエレメントに散水し水を気化させる気化式などがある。

表3・6 エアフィルターの種類

種類	粗じん用エアフィルター	中性能エアフィルター*1	HEPAフィルター*2	ULPAフィルター
定義	主として粒径5μmより大きい粒子の除去に用いる	主として粒径5μmより小さい粒子に対して中程度の捕集率をもつ	0.3μmの粒子に対して99.97%以上の粒子捕集率をもち、初期圧力損失が245Pa以下	0.15μmの粒子に対して99.9995%以上の粒子捕集率をもち、初期圧力損失が246Pa以下
素材	不織布	不織布・ガラス繊維	ガラス繊維	
用途	事務所ビル・工場などの一般空調・換気用フィルターより性能の高いフィルターの上流側に設置するプレフィルター		高度な清浄度管理が求められるクリーンルームや手術室などのメインフィルター	

*1 粒径2μm以上の粒子に対して95%以上の捕集率をもつフィルターは、一般に高性能エアフィルターと呼ばれている。
*2 粒径0.3μmの粒子に対して90〜99%程度の捕集率をもつフィルターは、一般に準HEPAフィルターと呼ばれている。

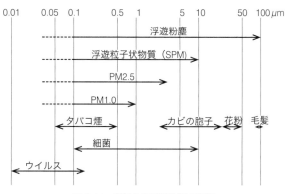

図3・24 空気中の浮遊物質の粒径

3 搬送装置

1）ポンプ

熱源装置でつくられた冷温水を配管を通して建物内の空調対象室に送り出す。ケーシング内で回転する羽根車が生み出す遠心力を利用した渦巻ポンプが最もよく使われる。

ポンプによる冷温水の搬送にかかるエネルギーを削減するため、空調対象室の負荷の変動に対応して搬送する冷温水量を調節する変流量（VWV）制御が一般的である。流量を調節するには、可動台数をやポンプの回転数を増減させる。

2）配管、継手・バルブ類

冷温水配管には、用途に応じて、鋼管などの金属管やプラスチック管が使われる。

熱源装置と空調装置との間を循環する冷温水の経路が途中大気に開放されるかどうかで、密閉回路と開放回路に分けられる。図3・25に密閉回路と開放回路の例を示す。

温水配管では、温度変動に伴う管の伸縮に対応するため、配管途中に伸縮継手やベンド継手が使われる。また、エルボ継手を組み合わせたスイベルジョイントも使われる。図3・26に伸縮継手、ベンド継手およびスイベルジョイントの例を示す。

3）送風機

送風機は、羽根車を回転させて空気を送る。羽根車と空気の流れる方向により、遠心式、軸流式、斜流式、横流式に分けられる（表3・7）。

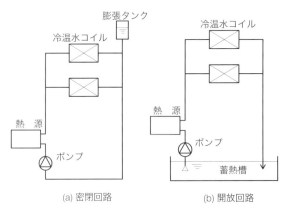

(a) 密閉回路　　(b) 開放回路

図3・25　冷温水配管密閉回路と開放回路

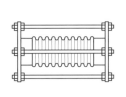  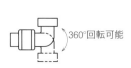 

(a) 伸縮継手　　(b) ベンド継手　　(c) スイベルジョイント　　(d) 設置例

図3・26　配管の継手

ⓐ 遠心式送風機 羽根車の軸方向から空気を吸い込み、回転する羽根車の遠心力により空気を羽根車の円周方向に送り出す。高い圧力で送風できる。空調のダクト用送風機や局所換気用に広く利用される。回転方向に対する翼の向きにより、シロッコファンとターボファンに分けられる。

ⓑ 軸流式送風機 羽根車の軸方向より空気を吸込み、軸方向に空気を送り出す。送風圧力は低いが小型で送風量が大きい。局所換気の換気扇や冷却塔内部への風を導入する送風機に使われる。

ⓒ 斜流式送風機 遠心式と軸流式の中間的な特徴をもつ。

ⓓ 横流式送風機 羽根車が円筒形をしており、羽根車の円周方向から空気を吸込み、吸込み方向とは別の円周方向に空気を送り出す。ルームエアコンやファンコイルユニット、エアカーテンなどに使われる。円筒形の羽根車の軸方向長さを変えることで、送風量の調節ができる。

4）ダクト

ダクトは、空調装置でつくられた冷風・温風を空調対象室までおくる経路となる。ダクトは、天井裏の限られたスペースに設置されることが多いため、現場ごとの設置スペースにあわせて鋼板を組み合わせて製作されることが多い。

ダクトについては、送風機の振動や内部を通る空気が発する騒音が問題となる。また、室をつなぐように設置されるため、各室で発生する騒音を別の室に伝える伝搬経路にもなる。そのため、ダクトを計画する際には、消音や防振の対策が必要である。

表3・7　送風機の種類

分類	遠心式送風機		軸流式送風機	斜流式送風機	横流式送風機
名称	シロッコファン	ターボファン	プロペラファン	斜流ファン	ラインフローファン クロスフローファン 貫流ファン
図					
風量	小	中	大	中	中
送風圧力	高	高	低～高	中	低

防振対策には、躯体に対するダクト支持にゴムやバネを用いた防振支持材を使用し、空調設備とダクトの接合部にガラス繊維でできたキャンバス継手を使用する。図3・27に防振支持材の例を示す。また図3・28にキャンバス継手の例を示す。

　消音対策には、ダクトの内側に多孔質吸音材を貼り付けた内張りダクトを使用する。内張りダクトはパッシブ型サイレンサと呼ばれる。多孔質吸音材は高周波音をよく吸音し消音効果は高いが、低周波音に対する消音効果は低い。また、ダクト内側表面の摩擦抵抗が増大するため圧力損失が大きくなる。

　発生している騒音の逆位相の音を発生させて騒音を能動的に打ち消す消音装置もあり、アクティブ型サイレンサと呼ばれる。構造が複雑になるが、一般的に低周波音に対する消音効果が大きい。

5）吹出し口・吸込み口

　室内への空調空気の吹出しは、吹出し口の位置によって、側壁吹出し、天井吹出し、床吹出しに分けられる。また、吹出し口は、吹出す空気の性状によりふく流吹出し口と軸流吹出し口に大別され、軸流吹出し口はその形状により、ノズル型、ライン型、グリル型に分けられる。どの吹出し口が使われるかは、吹出し口の位置や室内の天井高、広さ、室の用途などによって決められる。吹出し口からの気流は、図3・29のようになる。

❶ふく流吹出し口　　図3・30（a）に示すふく流吹出し口は、一般に天井に設置され、吹出し口から天井面に沿うように放射状に気流を吹出す。アネモ型は、冷房時に室内へ空気がよく拡散し、室内空気の誘引性もよいため、室内の温度分布が良好となる。パン型は、冷房時は天井に沿うように放射状に、暖房時は居住域である下方に向けて、吹出し方向を変えることができる。

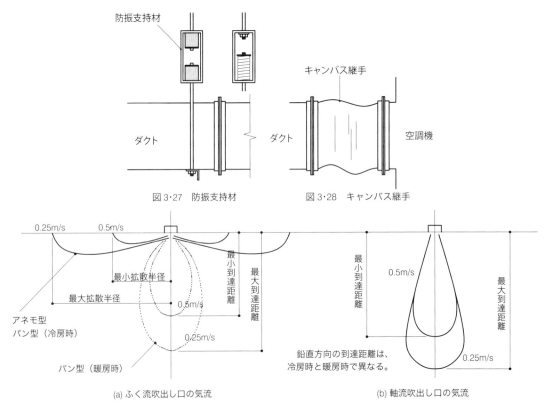

図3・27　防振支持材　　　図3・28　キャンバス継手

図3・29　吹出し口の気流

❷ ノズル型　図 3·30（b）に示すノズル型は、天井高の高い室で壁面の上方に取り付けられることが多い。吹出し風速を大きくとれ、比較的遠くまで送風できる。一方で、吹出し風の音が大きくなりがちであり、居住域での気流速が大きくなることもある。吹出し方向を変更可能なパンカーノズル型は、工場や調理場などでのスポット空調の吹出し口に使われる。

❸ ライン型　図 3·30（c）に示すライン型は、線状吹出し口とも呼ばれ、ペリメーターゾーンで窓に平行に設置されることが多い。

❹ グリル型　図 3·30（d）に示すグリル型は、面状吹出し口とも呼ばれ、吹出し口に備えられたベーン（板）の調節により風向を変えることができる。

なお、線状吹出し口や面状吹出し口は、室内空気の還気のための吸込み口としても使われる。

4 制御装置

室内の温度・湿度の変動を自動的・連続的に感知し、空調設備の運転を制御するもので、温度を感知するサーモスタットと湿度を感知するヒューミディスタットがある。

1）サーモスタット

❶ ダイアフラムカプセルを利用したもの　皿のような形をした 2 枚の薄板（ダイアフラム）を貼り合わせたカプセルに、温度により膨張・収縮する液体（または気体）を封入したものを感温部とする。気温の変動にあわせた内部の液体の容積変動によってカプセルの厚さが変動し、スイッチの on/off 制御を行なう。

❷ バイメタル　熱による膨張率が異なる 2 種類の金属を貼り合わせたもので、温度の変動によって生じるねじれや曲がりを利用してスイッチの on/off 制御を行う。

2）ヒューミディスタット

ナイロンや毛髪、木綿などの繊維の湿度による伸縮を利用し、スイッチの on/off 制御を行う。

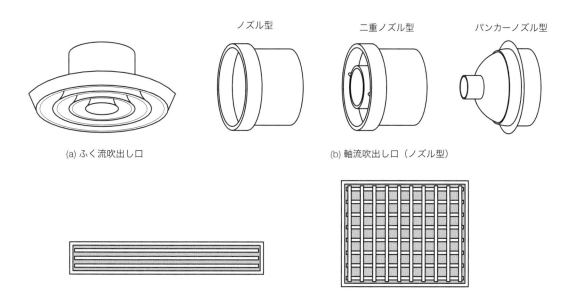

図 3·30　吹出し口の種類

3·5 換気設備

換気には風や室内の温度差によってなされる自然換気と送風機による機械換気がある。安定的に換気を行うためには、送風機を用いた機械換気設備を設置する。

❶必要換気量

必要換気量は、目標とする室内汚染物質濃度と室内での汚染物質発生量および外気中の汚染物質濃度より、次のザイデル式で求められる。

$$Q = \frac{K}{P_a - P_o}$$

Q：必要換気量（m³/h）　　K：汚染物質発生量
P_a：汚染物質の許容濃度　　P_o：汚染物質の外気濃度

一般に二酸化炭素濃度を室内環境管理基準[※1]以下に保つために必要な換気量が求められる（例題参照）。人体からの二酸化炭素発生量は作業状態などによって異なる。図3·31にエネルギー代謝率と二酸化炭素発生量の関係を示す。事務所ビルの場合、必要換気量は在室者一人・一時間あたり約30m³である。

建築基準法では、居室を有する全ての建築物に換気回数[※2]0.5回/h以上[※3]の能力がある機械換気設備の設置が原則として義務付けられている。必要換気量がこれを上回る場合は、必要換気量が確保できるような措置を講ずる必要がある。

換気量を増やせば空気汚染物質の室内濃度は低くなる。一方で換気量を過大に増やすことは冷暖房熱負荷の増大につながる。したがって、必要換気量を確保したうえで計画的に換気できるよう、適切な室内気流計画を行うことも重要である。

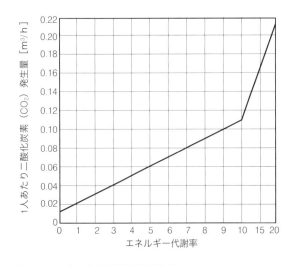

図3·31　人体からの二酸化炭素発生量（日本建築学会編「建築設計資料集成1　環境」による）

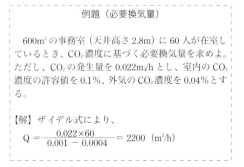

例題（必要換気量）

600m²の事務室（天井高さ2.8m）に60人が在室しているとき、CO_2濃度に基づく必要換気量を求めよ。ただし、CO_2の発生量を0.022m³/hとし、室内のCO_2濃度の許容値を0.1%、外気のCO_2濃度を0.04%とする。

【解】ザイデル式により、

$$Q = \frac{0.022 \times 60}{0.001 - 0.0004} = 2200 \ (\text{m}^3/\text{h})$$

※1　建築物環境衛生管理基準。
※2　換気回数：室容積を1時間あたりの換気量で除して求める。
※3　建築基準法施行令20条の7に示す「住宅等の居室」以外の居室は0.3回/h以上。

2 換気設備の計画

1）全般換気と局所換気

換気方式は全般換気と局所換気に分けられる。全般換気は、室内全体の空気を入れ替える換気方式をいい、空気汚染物質の発生源が固定していない場合に用いられる方式である。この方式は、一般的な居室や事務所、工場などで採用される。

これに対して局所換気は、発生源が固定されている場合に、発生源から空気汚染物質が室内に拡散しないよう、発生源付近で空気汚染物質を捕捉・除去する方式である。厨房のレンジ周辺や実験ブースなどで採用される。

2）機械換気方式の分類

機械換気方式は、表3・8に示すように、室に対する送風機の位置により第一種機械換気、第二種機械換気、第三種機械換気に分けられる。

❶第一種機械換気　　送風機により給気および排気を行う換気方式である。機械換気方式のうちで最も安定的に換気できる方式である。

❷第二種機械換気　　送風機による給気と自然排気による換気方式である。室内の気圧は大気圧よりも高い正圧となる。

❸第三種機械換気　　送風機による排気と自然給気による換気方式である。

室の用途によって、最適な機械換気設備を計画する。

表3・8　機械換気方式の種類

種類	第1種機械換気方式	第2種機械換気方式	第3種機械換気方式
図	給気機と排気機、室内	給気機、室内、排気口	排気機、室内、給気口
特徴	送風機により給気および排気を行う。	送風機による給気と排気口からの自然排気を行う。	送風機による排気と給気口からの自然給気を行う。
室内圧	任意	正圧	負圧
室用途	大規模空間やボイラー室・実験室など、必要換気量が大きい場合や確実な換気を必要とする場合。	クリーンルームや手術室など、室内に新鮮または清浄な空気を供給する必要がある場合。	便所・浴室・ゴミ処理室など、室内で汚染物質や水蒸気などが発生する場合。

3）置換換気

　置換換気とは、室内の気温よりもやや低温の空気を床面やその付近の低い位置から、室内の空気を撹拌しないよう低風速で給気し、汚染物質濃度が高くなった室内空気を押し上げるようにし、天井面やその付近の高い位置から排気する方式である（図3・32）。床面に近い居住域の空気質を良好に保てることや、換気効率が高く、従来の換気方式と比べて省エネルギー性が高いなどの利点がある。

　給気口から室内のある点までの新鮮空気の到達時間を空気齢といい、この点から排気口までの空気の到達時間を余命という。空気齢が短いほど換気効率は高く、汚染源からの余命が短いほど汚染物質は速やかに排出される。コンピュータによるシミュレーションによって、空気齢や余命の分布を求め、給排気口の位置や換気量、気流速などを適切に計画することができる（図3・33）。

4）常時換気システム

　建築基準法施行令20条の8によって義務づけられる常時換気システムには、機械換気に自然換気を併用したハイブリッド換気システムが用いられることが多い。自然換気には、建築物内外の気温差によって起こる空気の浮力を利用する重力換気と、外部風によって起こる建築物周囲の気圧差を利用する風力換気がある。このシステムでは、ハイブリッド換気システム内のダクトなどに設けた風速センサーなどで自然換気量を把握し、換気量が不足する場合にだけ機械的にファンを稼働させる。

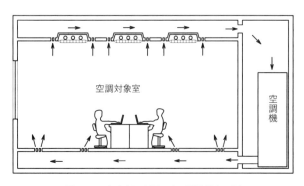

図3・32　床吹出し空調による置換換気の例

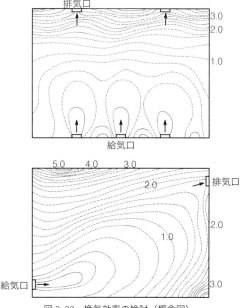

図3・33　換気効率の検討（概念図）

3・6 冷暖房負荷

　空調設備の基本の仕組みは、対象となる室の温熱環境を快適に維持するために、冷房時にはその室から過剰となる熱を除去し、暖房時にはその室に不足する熱を供給することである。冷房時に室から除去する熱を冷房負荷、暖房時に室に供給する熱を暖房負荷とよぶ。冷暖房負荷は、その室の快適な温湿度条件や屋外気象条件に基づいて求められる。

❶冷房負荷計算

　夏季には、高温な外気や冷房していない室から壁などを透過して熱が流入し、冷房対象室の室温を上昇させる。また、ガラス窓から室内に入射した日射熱も室温を上昇させる。これ以外にも、照明器具などの機器から発生する熱や室内に滞在する人間から発生する熱、さらには換気やすきま風により室内に流入した外気の熱も冷房対象室の室温を上昇させる。冷房運転を行っている空気調和設備は、これらの熱を室内から屋外に捨てることにより、室内気温を一定の範囲内に制御する。したがって、冷房負荷には、ガラス窓や構造体から室内に流入する熱負荷と、照明や人体、機器など室内で発生する熱負荷、換気などによって流入した外気による負荷、熱源機器や搬送機器で発生する熱負荷などがある。図3・34は、冷房負荷の構成を示すものである。

　熱負荷を計算することにより、必要な冷房設備の機器容量が算定される。ここでは、各種の冷房負荷の計算法を学ぶ。

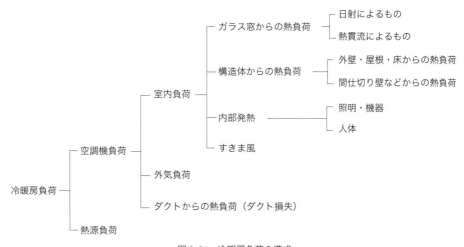

図3・34　冷暖房負荷の構成

表3・9　遮蔽係数（SC）の例

種類	SC	ブラインド使用時のSC			熱貫流率 [W/m²·K]
		明色	中間色	暗色	
透明フロートガラス ⑦3mm	1.00	0.49	0.57	0.65	6.40
透明フロートガラス ⑦6mm	0.96	0.49	0.56	0.63	6.30
熱線吸収ガラス（ブロンズ淡色）⑦6mm	0.80	0.44	0.49	0.53	6.30
熱線反射ガラス（ブロンズ淡色）⑦6mm	0.68	0.41	0.44	0.47	6.30
高性能熱線反射ガラス（シルバー系）⑦6mm	0.37	0.26	0.27	0.27	5.60
Low-Eガラス（シルバー）＋透明 ⑦6mm	0.61	0.42	0.45	0.49	2.70

1）ガラス窓からの熱負荷

ガラス面から室内に透過・入射した日射による熱負荷と、内外気温差から、ガラス面を貫流して外気から室内に流入した熱負荷があり、どちらも顕熱のみである。

ガラス面から室内に透過・入射した日射による熱負荷は、3mm厚で透明な標準ガラスの日射熱取得と実際に使用するガラスの標準ガラスに対する日射遮蔽係数SC、およびガラス面積より次式で求められる。

$$q_G = I_G \cdot SC \cdot A_G$$

q_G：ガラス面から室内に透過・入射した日射による熱負荷 [W]

I_G：標準ガラスの日射熱取得 [W/m²]

SC：実際に使用するガラスの標準ガラスに対する日射遮蔽係数

A_G：ガラスの面積 [m²]

表3・9にガラスの日射遮蔽係数の例を示す。また、表3・10に標準ガラスの日射熱取得を示す。

ガラス面からの貫流による熱負荷は、室内設計条件の室温と各地方の気象データより得られた設計用外気条件の外気温、ガラスの熱貫流率および面積より次式で求められる。

$$q_{nG} = K_G \cdot A_G \cdot \Delta t$$

q_{nG}：ガラス面から室内への貫流による熱負荷 [W]

K_G：ガラスの熱貫流率 [W/(m²·K)]

A_G：ガラスの面積 [m²]

Δt：室内設計条件の気温と設計用外気条件の気温との差 [K]

表3・10 標準ガラスの日射熱取得（空気調和・衛生工学会 最大熱負荷計算プログラムデータ（h-t基準）による）[W/m²]

都市名	方位	5時	6時	7時	8時	9時	10時	11時	12時	13時	14時	15時	16時	17時	18時	19時
東京	水平	0	15	59	111	166	204	233	246	242	209	152	88	38	2	0
	北	5	22	5	0	0	0	0	0	0	0	0	0	12	10	0
	北東	16	139	152	151	95	22	0	0	0	0	0	0	0	0	0
	東	16	161	204	244	224	151	47	0	0	0	0	0	0	0	0
	南東	6	79	124	176	194	173	118	40	0	0	0	0	0	0	0
	南	0	0	0	3	28	63	91	100	84	50	15	0	0	0	0
	南西	0	0	0	0	0	0	7	74	152	196	197	160	103	21	0
	西	0	0	0	0	0	0	0	4	96	198	247	239	184	49	0
	北西	0	0	0	0	0	0	0	0	0	54	128	162	146	44	0
	天空（水平）	7	56	120	187	247	294	321	325	307	272	220	158	94	24	0
	天空（鉛直）	4	31	63	93	116	130	135	135	133	125	107	81	49	14	0
大阪	水平	0	4	34	70	110	149	185	208	212	193	158	107	56	7	0
	北	0	13	8	0	0	0	0	0	0	0	0	0	9	17	0
	北東	0	62	123	119	88	34	0	0	0	0	0	0	0	0	0
	東	0	69	157	178	174	136	69	0	0	0	0	0	0	0	0
	南東	0	31	89	121	140	138	119	52	1	0	0	0	0	0	0
	南	0	0	0	0	12	36	70	84	77	51	19	1	0	0	0
	南西	0	0	0	0	0	0	0	43	117	170	189	173	137	47	0
	西	0	0	0	0	0	0	0	0	59	162	230	250	234	100	0
	北西	0	0	0	0	0	0	0	0	0	34	110	162	180	88	0
	天空（水平）	2	33	98	167	232	287	323	334	323	289	240	178	111	45	4
	天空（鉛直）	1	18	51	83	110	130	133	135	134	128	113	89	60	24	3

2) 構造体からの熱負荷

構造体からの熱負荷とは、室内外気温差によって、壁・天井など建築物の躯体を貫流して外気や冷房していない室から流入する熱負荷であり、顕熱のみである。外壁など外気に接する構造体の場合は、構造体への日射による蓄熱を考慮した内外温度差（実効温度差：ETD）と構造体の熱貫流率（熱通過率）および面積より、次式から求められる。

$$q_{nW} = K_W \cdot A_W \cdot ETD$$

　　q_{nW}：構造体から室内への貫流と日射による熱負荷 [W]
　　K_W：構造体の熱貫流率 [W/(m²·K)]
　　A_W：構造体の面積 [m²]
　　ETD：実効温度差 [K]

表3·11に実効温度差（東京の例）を示す。この表のETDの値は、外壁表面の日射吸収率が0.7の場合であり、表面の仕上げがコンクリートや中間色ペイントなどの場合はそのまま用いることができるが、日射吸収率が大きく異なる場合には、次のように補正する。日射吸収率をαとすると、ある時刻のETDの値からその時刻の日影のETDの値を減じたものにα/0.7を乗じ、日影のETDの値を加えたものが補正後のETDの値となる。

なお、間仕切り壁の場合は、実効温度差の代わりに、室間の気温差や外気温と冷房対象室の気温の中間の気温と室温との差が使われる。

表3·11　夏期冷房用の実効温度差ETD（東京）（空気調和・衛生工学会　最大熱負荷計算プログラム（h-t基準）による）

壁のタイプ	方位	1時	2時	3時	4時	5時	6時	7時	8時	9時	10時	11時	12時	13時	14時	15時	16時	17時	18時	19時	20時	21時	22時	23時	24時
I	日影	3	2	2	2	2	2	3	5	7	10	11	12	13	13	13	12	10	8	6	5	4	4	3	3
	水平	3	2	2	2	2	2	5	9	15	20	24	27	28	28	26	22	17	12	7	5	4	4	3	3
	北	3	2	2	2	2	4	6	7	10	11	12	13	13	13	12	10	9	7	5	4	4	3	3	3
	北東	3	2	2	2	2	7	10	14	15	13	12	13	13	13	12	10	8	6	5	4	4	3	3	3
	東	3	2	2	2	2	6	8	12	16	18	18	15	13	13	13	12	10	6	6	5	4	4	3	3
	南東	3	2	2	2	2	6	10	14	17	18	18	16	13	13	13	12	10	8	6	5	4	4	3	3
	南	3	2	2	2	2	3	5	8	11	15	17	17	17	16	13	10	8	6	5	4	4	3	3	3
	南西	3	2	2	2	2	3	5	7	10	13	16	19	20	19	16	12	7	5	5	4	4	3	3	3
	西	3	2	2	2	2	3	5	7	10	11	12	14	17	20	20	18	15	8	5	5	4	4	3	3
	北西	3	2	2	2	2	3	5	7	10	11	12	13	13	16	17	16	13	9	5	5	4	4	3	3
II	日影	3	3	3	3	2	2	2	3	4	5	7	9	10	11	12	12	12	11	10	8	7	6	5	4	4
	水平	4	3	3	3	3	2	2	3	6	9	14	18	21	24	25	25	24	21	17	13	10	8	6	5	4
	北	3	3	3	3	2	2	3	4	5	7	9	10	11	12	12	12	11	10	9	8	7	6	5	4
	北東	3	3	3	3	3	2	3	4	7	9	11	12	12	13	13	12	12	11	10	9	8	7	6	5	4
	東	3	3	3	3	3	2	3	5	8	11	13	15	15	15	14	14	13	13	12	10	9	7	6	5
	南東	3	3	3	3	3	2	3	4	7	9	11	14	15	15	15	14	13	13	12	10	9	7	6	5
	南	3	3	3	3	2	2	2	3	5	7	8	10	13	14	15	14	14	13	11	9	7	7	6	5
	南西	4	3	3	3	3	2	2	3	4	5	7	9	11	13	15	17	17	17	15	12	9	7	6	5	4
	西	4	3	3	3	3	2	2	3	4	5	7	9	10	12	14	16	17	17	15	12	10	8	6	5	4
	北西	4	3	3	3	3	2	2	3	4	5	7	9	10	11	13	14	15	14	12	10	9	7	6	5	4
III	日影	6	5	5	4	4	3	3	3	4	5	6	7	8	9	10	10	10	9	8	7	7	6
	水平	8	7	6	5	5	4	4	4	5	7	9	12	15	17	19	20	20	18	16	14	12	11	9
	北	6	5	5	5	4	4	3	3	4	5	7	8	8	9	9	10	10	10	9	8	7	7	6
	北東	6	5	5	5	4	4	4	4	5	7	8	9	10	11	11	11	11	10	10	9	8	7	6
	東	6	5	5	5	5	4	4	4	6	8	10	11	12	12	12	12	12	11	10	9	8	7	6
	南東	6	5	5	5	4	4	4	4	5	7	8	10	11	12	12	12	12	11	10	9	8	7	7
	南	6	5	5	5	4	4	3	3	3	5	6	7	9	11	12	12	12	11	10	9	9	7	7
	南西	7	6	5	5	5	4	4	4	4	5	6	7	9	11	13	14	14	14	13	11	10	9	8
	西	7	6	6	5	5	4	4	4	4	5	6	8	9	10	12	13	14	13	12	10	9	8	7
	北西	6	6	5	5	4	4	3	3	4	5	6	7	8	9	11	12	12	12	10	9	8	7
IV	日影	7	7	7	6	6	6	5	5	5	5	5	6	6	7	7	8	8	8	8	8	8
	水平	13	12	11	10	10	9	8	8	7	7	8	9	10	11	13	14	15	15	16	15	15	14	13
	北	7	7	7	6	6	5	5	5	5	5	5	6	6	7	7	8	8	9	9	8	8	7
	北東	8	8	7	7	6	6	5	5	5	5	5	6	6	7	7	8	8	9	9	9	9	8
	東	9	8	8	8	7	7	6	6	6	6	7	7	8	9	9	10	10	10	10	10	10	9
	南東	9	8	8	7	7	6	6	6	6	6	6	7	7	8	9	9	9	10	10	10	10	9
	南	8	8	7	7	6	6	5	5	5	5	5	6	6	7	8	9	9	10	10	9	9	8
	南西	9	9	8	8	7	7	6	6	6	6	6	6	7	8	9	10	11	11	11	10	10	10
	西	10	9	9	8	8	7	7	6	6	6	6	7	7	8	9	10	11	11	11	11	11	10
	北西	9	8	8	7	7	6	6	5	5	5	6	6	7	7	8	9	10	10	10	10	9	9

注1　壁タイプIは、蓄熱性および断熱性が低く、IVに向けて断熱性または蓄熱性が高まる。
注2　日影とは、直達日射量および天空日射量がともに0である場合。
注3　表の数値は外壁表面の日射吸収率が0.7の場合であり、この値が大きく異なる場合は補正が必要になる。

3) 人体負荷

人体負荷には、人体表面から対流および放射によって放出される顕熱負荷と、主として発汗によって放出される潜熱負荷がある。表3・12に人体からの発生熱量を示す。また、表3・13に代表的な施設・用途別の単位面積あたりの在室人員を示す。

4) 照明発熱負荷

照明発熱負荷は、照明器具から発生する熱であり、顕熱のみである。単位面積あたりのワット数から次式によって求められる。なお、冷房負荷計算では、照明のon/offはなく、照明は継続的に点灯されているものとして計算される。

$$q_E = 1.16 W \cdot r_L$$

q_E：単位面積当たりの照明発熱負荷 [W/m²]　　W：単位面積あたりのワット数 [W/m²]

r_L：照明負荷遅れ係数（露出型 0.85、埋込型 0.75）

単位面積あたりのワット数は、室内照度や器具の照明効率などから求められるが、一般的な事務室で蛍光灯を使用する場合は、次式で求めることもできる。

$$W = \frac{E}{25 \sim 30}$$

E：室内照度 [lx]

表3・13に施設・用途別の照明発熱負荷の例を示す。

5) 室内機器からの発熱負荷

照明器具や人体のほかに、室内に設置された機器・器具から熱負荷が生じる。OA機器から発生する熱は顕熱である場合がほとんどだが、喫茶用に置かれたジャーポットなど潜熱を発生する機器もある。機器からの熱負荷は、表3・13のコンセント容量に負荷率（30〜50％）を乗じて概算で求めることができるが、具体的な設置機器から算定するのがよい。

表3・12　作用温度別人体発熱量（夏期）（空気調和・衛生工学会　最大熱負荷計算プログラムデータによる）

作業状態	全発熱量 [W/人]	顕熱 [W/人]				潜熱 [W/人]			
		22℃	24℃	26℃	28℃	22℃	24℃	26℃	28℃
静座（劇場など）	98	77	73	64	51	23	24	34	47
軽作業（学校など）	116	88	80	67	55	28	36	49	62
事務所業務	121	92	81	69	55	29	40	53	66
立位・座位・歩行（銀行など）	139	98	85	71	58	42	55	67	81
座業（レストランなど）	146	105	92	79	65	41	55	67	81
着席作業（工場の軽作業など）	208	116	101	86	71	92	106	121	137
普通のダンス	230	130	115	98	80	99	115	133	150
歩行 4.8km/h（工場の重作業など）	277	145	127	108	88	131	149	169	187
ボーリング	400	176	151	126	101	224	249	274	299

表3・13　施設・用途と内部発熱（空気調和・衛生工学会　最大熱負荷計算プログラムデータによる）

施設・用途		照明発熱 [W/m²]	在室人数 [人/m²]	コンセント容量 [W/m²]
業務施設	事務室	20	0.20	40
	会議室	20	0.50	15
宿泊施設	客室	25		15
	フロントロビー	20	0.10	5
	大宴会場	80	1.00	60
医療施設	病室	10	0.15	15
	待合室、ロビー	10	0.30	10
	手術室	60	0.20	100
教育施設	教室、特別教室	20	1.00	15
	パソコン室	20	0.70	100
物販店舗		80	0.33	150
飲食店舗（客席）		60	0.60	20
体育館（アリーナ）		50	0.50	5
体育館等応援席、観客席		10	1.00	0
劇場、公会堂、映画館（客席）		10	1.00	10

6）すきま風負荷

すきま風負荷には、建具周辺にあるすきまを通して室内外の圧力差によって流入する外気のほかに開口部のドアの開閉時に流入する外気による熱負荷も含まれ、顕熱負荷および潜熱負荷がある。

顕熱負荷は、空気の定圧比熱 c_p、空気の密度 ρ、内外気温差、すき間風量から次式で求められる。

$$q_{iS} = c_p \cdot \rho \cdot \Delta t \cdot Q_i$$

q_{iS}：すきま風による顕熱負荷［W］　　　c_p：空気の定圧比熱（＝1.0）［J/{g（DA）・K}］
ρ：空気の密度（＝1.2）［g（DA）/L］　　Δt：室内外の乾球温度差［K］
Q_i：すきま風量　［L/s］

また潜熱負荷は、水の蒸発潜熱 γ、空気の密度 ρ、内外の絶対湿度差、すき間風量より次式で求められる。

$$q_{iL} = r \cdot \rho \cdot \Delta x \cdot Q_i$$

q_{iL}：すきま風による潜熱負荷［W］　　　r：水の蒸発潜熱（＝2500）［J/g］
ρ：空気の密度（＝1.2）［g（DA）/L］　　Δx：室内外の絶対湿度差［g/g（DA）］
Q_i：すき間風量［L/s］

換気回数法によるすきま風量は次式で求められる。なお、すきま風による換気回数は、冷房時 0.1〜0.2 回/h、暖房時 0.2〜0.6 回/h 程度である。

$$Q_i = 0.28 n \cdot V$$

Q_i：すき間風量［L/s］　　n：換気回数［回/h］　　V：室容積［m³］

すきま風量を求める方法には、このほかに窓面積法、壁面積法、扉の開閉による計算法などがある。

ここまでに挙げた熱負荷のうち、顕熱負荷の合計が室内顕熱負荷、潜熱負荷の合計が室内潜熱負荷である。

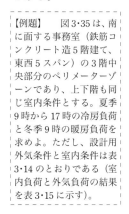

【例題】 図3・35は、南に面する事務室（鉄筋コンクリート造5階建て、東西5スパン）の3階中央部分のペリメーターゾーンであり、上下階も同じ室内条件とする。夏季9時から17時の冷房負荷と冬季9時の暖房負荷を求めよ。ただし、設計用外気条件と室内条件は表3・14のとおりである（室内負荷と外気負荷の結果を表3・15に示す）。

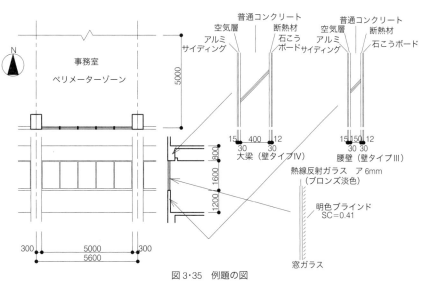

図3・35　例題の図

表3・14　空調負荷計算用外気条件・室内条件（東京の例）

	時　刻	9時	10時	11時	12時	13時	14時	15時	16時	17時	室内条件
冷房用	気　温［℃］	31.3	32.5	33.2	33.7	33.9	33.9	33.4	32.9	32.0	26.0
	絶対湿度［g/g（DA）］	18.6	18.5	18.3	18.6	18.4	18.1	18.3	18.4	18.5	10.5
暖房用	気　温［℃］	2.0	3.5	4.0	5.3	5.8	6.0	5.9	5.4	4.9	20.0
	絶対湿度［g/kg（DA）］	1.4	1.3	1.3	1.3	1.3	1.3	1.4	1.4	1.4	7.2

7）ダクトからの熱負荷

ダクトからの熱負荷は、ダクトからの漏洩とダクトの保温材を通過して損失する熱による負荷であり、顕熱負荷のみである。計算で求めるのは煩雑であり、一般に、室内顕熱負荷の5～15％とする。

8）外気負荷

外気負荷は、換気のために室内に取入れられる外気による熱負荷で、顕熱負荷および潜熱負荷がある。すきま風熱負荷を求める式のすきま風風量を導入外気量に変えることで求められる。

室内顕熱負荷と室内潜熱負荷に、ダクトからの負荷および外気負荷を足し合わせたものが空調機負荷である。

9）熱源負荷

熱源負荷は、熱源装置と空調機とのあいだの配管での熱損失による熱負荷などがあるが、一般に、空調機負荷の2～3％程度とする。

空調機負荷に熱源負荷を足し合わせたものが冷房負荷である。

表3·15 冷暖房負荷計算例 (空気調和・衛生工学会

	ゾーン名称		南							
			時刻					9時	10時	11時	12時
窓ガラス			日射熱取得拡散成分 [W/m²]			水平		247	294	321	325
						鉛直		116	130	135	135
	窓種類	方位	窓面積 [m²]	外部日除け ブラインドなど	熱貫流率	K·A		温度差Δt (冷房負荷			
			ガラス面積 [m²]		遮へい係数1	SC·A		日射取得			
	アルミサッシ 熱線反射ガラス ア6mm (ブロンズ淡色)	S	8.0	明色ブラインド	6.30	50.40		5.3	6.5	7.2	7.7
			7.2		0.41	2.95		28	63	91	100
外壁・屋根	壁種類	方位	面積 [m²]	壁タイプ	熱貫流率 [W/m²K]	U·A [W/K]		ETD [K]			
	腰壁	S	7.68	III	0.648	5.0		4	5	6	7
	大梁（タイプIV）	S	4.48	IV	0.582	2.6		5	5	5	5
すきま風	運転時期		風量 [L/s]	―		潜熱取得 [W]		―			
	冷房時 (0.28×0.1×78.4)		2.2	2500×1.2×(18.6 − 10.5) ×10⁻³×2.2		53		1.0×1.2×Δt×2.2			
	暖房時 (0.28×0.2×78.4)		4.4								
照明	―		発熱量 [W/m²]			20					
在室者	作業状態		人員密度 [人/m²]	顕熱発熱 [W/人]	潜熱発熱 [W/人]	潜熱取得 [W]		―			
	事務所業務		0.20	69.0	53.0	297					
機器			発熱量 [W/m²]	潜熱発熱 [W/m²]		潜熱取得 [W]					
	―		16	0		0					
蓄熱			―								
室内合計			―			潜熱取得					
					W	350					
					W/m²	12.5					
外気	―		風量 [L/s]	―		潜熱取得		外気温度 (℃)			
			46.7		W	1135		31.3	32.5	33.2	33.7
					W/m²	40.5					
室内＋外気			―			潜熱負荷 [W]					
			冷房			1485					
			暖房			―					

2 暖房負荷計算

冬季には、暖房対象室から壁などの躯体やガラス窓を透過して熱が流出する。また、換気やすきま風によっても熱が室外に流出する。暖房運転中の空気調和設備は、これらの室外に流出する熱を室内に補うことにより、室内気温を一定の範囲内に制御する。暖房装置が室内に補う熱を暖房負荷といい、その熱量を算定することを暖房負荷計算という。

暖房負荷には以下にあげるものがある。

① ガラス窓からの熱負荷　　② 躯体部分からの熱負荷　　③ すきま風負荷
④ 蓄熱負荷　　　　　　　　⑤ ダクトからの負荷　　　　⑥ 外気負荷
⑦ 熱源負荷

それぞれの暖房負荷は、冷房負荷と同様の計算で求められる。ただし、外気に接する構造体からの貫流熱負荷の計算には、日射の影響を考慮した ETD ではなく、室内外気温差が使われる。また、冷房負荷と異なり、照明負荷や人体負荷などのように室温を上昇させるものは暖房負荷にならない。

冷暖房負荷の計算例を、p.105 〜 107 の図表に示す。

最大負荷計算プログラムを参考に作成)

									冷房							暖房	
13時	14時	15時	16時	17時	9時	10時	11時	12時	13時	14時	15時	16時	17時		9時		
307	272	220	158	94											—		
133	125	107	81	49											—		
設計用外気温−26)[K]								貫流減取得 [W]						温度差 [K]		損失熱量 [W]	
(直達成分) [W/m²]								日射熱取得 [W]									
7.9	7.9	7.4	6.9	6.0	267	328	363	388	398	398	373	348	302	18.0		907	
84	50	15	0	0	83	186	269	295	248	148	44	0	0			—	
								取得熱量 [W]						温度差 [K]		損失熱量 [W]	
9	11	12	12	12	20	25	30	36	45	55	60	60	60	18.0		90	
6	6	7	8	9	13	13	13	13	16	16	18	21	23			47	
								顕熱取得 [W]						潜熱損失 [W]		顕熱損失 [W]	
					14	17	19	20	21	21	20	18	16	$2500×1.2×(7.2-1.4)$ $×10^{-3}×4.4=77$		$1.0×1.2×18×4.4$ $=95$	
					顕熱取得 [W]			560									
								顕熱取得 [W]									
								386									
								顕熱取得 [W]									
								448									
								—								顕熱損失 [W]	336
								顕熱取得 [W]						潜熱損失 [W]		顕熱損失 [W]	
					1231	1403	1527	1587	1561	1471	1349	1281	1235	W	77	W	1475
					44.0	50.1	54.6	56.7	55.8	52.5	48.2	45.7	44.1	W/m²	2.8	W/m²	52.7
								顕熱取得 [W]						潜熱損失 [W]		顕熱損失 [W]	
33.9	33.9	33.4	32.9	32.0	297	364	403	432	443	443	415	387	336	W	813	W	1009
					10.6	13.0	14.4	15.4	15.8	15.8	14.8	13.8	12.0	W/m²	29	W/m²	36
								顕熱負荷 [W]						潜熱負荷 [W]		顕熱負荷 [W]	
					1528	1767	1931	2018	2004	1914	1763	1667	1572	—		—	
								—						890		2484	

3・7 空気調和設備の省エネルギー計画

空気調和設備に求められることは、人間にとって生理的に負荷の少ない快適な温熱環境を実現するために十分な性能を有することである。しかし、地球環境問題への対応を考えれば、省エネルギー性が高いことや汚染物質の発生量が少ないことも不可欠である。また、建築物の躯体と比較して設備機器の寿命は短いことが一般的であるため、老朽化・陳腐化した設備機器は、躯体を壊すことなく更新可能としておくことも求められる。冷温水配管にさや管工法を導入することは一例である。空気調和設備を計画する際には、これらのことを考慮した上で、最もバランスのとれた最善のシステムを構築する。

❶省エネルギー性に配慮した空気調和設備の計画

省エネルギー性に配慮した空気調和設備とするには、表3・16に示すような空気調和方式を採用するほか、以下の点について考慮するなど、さまざまなアプローチがある。

①熱源システムの効率化
②冷温風や冷温水を各室に送る搬送用動力エネルギーの削減
③適切なゾーニングの計画
④外気冷房、夜間換気の採用
⑤蓄熱空調の採用
⑥換気のための外気取入れ量の最適化
⑦冷房時に照明器具から発生する熱の回収
⑧自然エネルギー、未利用エネルギーの利用

表3・16 省エネルギー性に配慮した空調方式

種類	特徴
置換空調	床または床に近い壁面などから0.2m/s以下の静穏風速で低温空気を吹き出し、室内空気を押し上げて天井付近で排気する。給気温度は室温よりやや低くし、給気口面積を大きくする。劇場の客席や工場などの大空間に適用される。
床吹き出し空調	床下のフリーアクセス空間またはダクトを通して給気し、天井裏をチャンバーとするかまたはダクトを通すかして排気する。室内空気の清浄度を保ちやすく、フリーアクセスの場合は給気口の位置の自由度が大きい。
タスク・アンビエント空調	作業域のタスク空調と作業域周辺のアンビエント空調を組み合わせたもの。タスク空調の温湿度を最適化し、周辺部分は夏期やや高く冬期やや低く設定することで省エネルギーを図る。
ペリメータレス空調	窓を二重にして外周部の負荷を減じ、ペリメータ（外周部）専用の空調機を設置せずにインテリア空調によって室全域の空調を行う。エアフローウィンドウ方式（図3・36 (a)）とダブルスキン方式（図3・36 (b)、図3・37）がある。

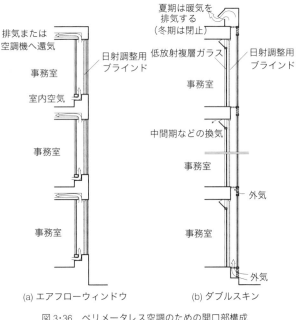

(a) エアフローウィンドウ　　(b) ダブルスキン

図3・36 ペリメータレス空調のための開口部構成

室内温湿度条件を見直すことも負荷削減につながる。たとえば、夏期26℃、冬期22℃の設定温度を夏期28℃、冬期20℃に変更すると、負荷が約30%削減できる。

1) 空調設備の省エネルギー計画のための基準値

地球温暖化防止のため、建築物で使用されるエネルギー消費の削減の取組みは欠かせない。熱源システムの効率の基準に、3・4 **1** の 2)「蒸気圧縮式冷凍機」であげた COP がある。まずは、COP の高い熱源装置の導入を意識する必要がある。また、省エネルギー法により、床面積 2000m² 以上の建築物については、建築確認申請時に省エネルギー計画書の提出が義務づけられ、省エネ措置が不十分な場合は改善の指示に従わなければならない。建築物の省エネルギー性を判断する基準として、基準一次エネルギー消費量と PAL *がある。

基準一次エネルギー消費量は、図3・38に示すように、計画建築物と地域区分が同じで、同規模・同用途の建築物の空調・換気・照明・給湯・昇降機などの設備について一次エネルギー消費量の基準値を用いて計算し合計したもので、計画建築物の設計一次エネルギー消費量が基準一次エネルギー消費量以下となるようにする。設計一次エネルギー消費量を算定する場合には、自家消費のみの太陽光発電設備やコージェネレーション設備による創出エネルギーを減じることができる。

図3・37 ダブルスキンの例 (地球環境産業技術研究機構)

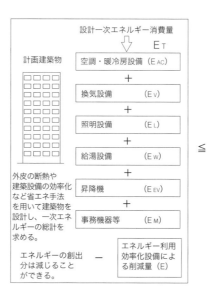

図3・38 一次エネルギー消費量による省エネ基準の考え方

また、空調エネルギー消費に影響を及ぼす建物の外皮性能の判断基準にPAL*（Perimeter Annual Load：新年間熱負荷係数）がある。PAL*は、次式のように、屋内の周囲空間（ペリメーターゾーン）の年間熱負荷をその部分の床面積で除して求められる。

$$PAL^* = \frac{屋内周囲空間の年間熱負荷（MJ／年）}{屋内周囲空間の床面積（m^2）}$$

PAL*が小さいほど、外皮性能は高く、省エネ性能が高いことを示す。図3・39に、省エネルギー法におけるペリメーターゾーンの範囲を示す。また、PAL*についての性能基準は表3・17のように定められている。

2）ゾーニング

同一の建物でも、外壁の面する方位によって、日射熱取得の変動があることや、各室の用途・使用時間が異なることなどにより、区域によって熱負荷の性質が異なるのが一般的である。このような場合、あらかじめ区域に分け、その区域ごとに空調設備を計画する。この空調を行う区域を分けることをゾーニングという。適切なゾーニングを行い、負荷計算の結果をよく検討して空調設備を計画することにより、負荷の変動に追随しやすい空調設備となり、室内環境の向上と省エネルギーを図ることができる。ゾーニングには方位別ゾーニングと用途別ゾーニングがある。

❶方位別ゾーニング　同一フロアにある空調対象空間を、日射や外気温など外界条件の変動を影響を受けやすい窓や壁に近い外周部（ペリーメーターゾーン）と、外界条件の変動の影響を受けにくい内部（インテリアゾーン）に分け、それぞれのゾーン毎に適切な空気調和設備を設置し、個別に運転・制御する。ペリメーターゾーンの範囲は、一般的に外壁面から室内側に向かって3〜5m程度の範囲である。

❷用途別ゾーニング　用途や使用時間が違う室を分けることをいい、それぞれの室で空気調和設備の運転・制御する。

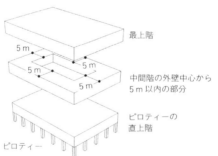

図3・39　PAL*におけるペリメーターゾーン

表3・17　省エネルギー法におけるPAL*の基準

用途	事務所等[※1]	ホテル等[※2]	病院等[※3]	物品販売店舗等[※4]	学校等[※5]	飲食店等[※6]	集会所等[※7]	工場等[※8]
PAL*	300	420[※9]	340[※10]	380	320	550	550	—

※1　事務所、官公署、図書館、博物館など
※2　ホテル、旅館など
※3　病院、老人ホーム、身体障害者福祉ホームなど
※4　百貨店、マーケットなど
※5　小学校、中学校、高等学校、大学、高等専門学校、専修学校、各種学校など
※6　飲食店、食堂、喫茶店、キャバレーなど
※7　公会堂、集会場、ボーリング場、体育館、劇場、映画館、ぱちんこ屋など
※8　工場、畜舎、自動車車庫、自転車駐車場、倉庫、観覧場、卸売市場、火葬場など
※9　寒冷地は470
※10　寒冷地は370

3) 外気冷房とナイトパージ

ⓐ外気冷房　室温に対して外気温が低い春・秋季や夏季の夜間に、外気を取り入れ室温を下げることを外気冷房と呼ぶ。OA機器など熱を発する機器や人が多く滞在する事務所ビルでは、冬季でも冷房されることがある。このような建物で外気冷房を採用することは、空気調和設備にかかるエネルギー消費の節約のためには重要である。なお、外気にはチリや埃が多いので、室内に取り込む際にはフィルターで十分に浄化する必要がある。また、夏季の外気には水蒸気が多く含まれ、在室者にとって蒸し暑さの原因となるため、適切に除湿してから室内に取り込むようにする。

ⓑナイトパージ　自然換気によって、夜間に外気を取り入れ、躯体を冷やすことにより昼間の冷房負荷を低減することができる。この夜間換気をナイトパージと呼ぶ。

4) 蓄熱空調

夜間電力を利用して製造した冷水や氷をタンクに貯めておき、その冷熱を昼間の冷房に利用するシステムが事務所ビルを中心として採用されている。貯めておいた熱を利用して空調することから蓄熱空調と呼ばれる。安価な夜間電力を利用することによる空調コスト削減効果があり、昼間の電力需要のピークカットにも貢献している（図3・40）。

冷水や氷を貯めておくタンクは蓄熱槽と呼ばれるが、容積や重量がかさばることから地下に設けられることが多い。氷蓄熱は、顕熱だけでなく潜熱も蓄えるため、同じ熱量を貯めるならば、水蓄熱槽よりも小型化できる。そのため、氷蓄熱槽は上層階に設置されることもある。水蓄熱と氷蓄熱の比較を表3・18に示す。

5) コージェネレーション・地域熱供給

電力は電力会社から供給を受けるのが一般的であったが、2000年以降、一定以上の規模の建築物のなかには、自前の発電施設を持つものもみられるようになった。自家発電は、電気にかかるコスト低下や電力の安定供給などのメリットがある。

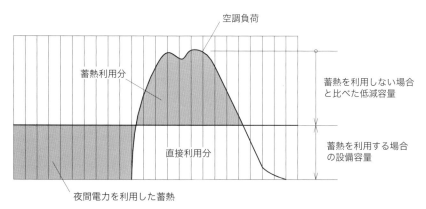

図3・40　蓄熱空調の概念

表3・18　水蓄熱と氷蓄熱の比較

項　目	水　蓄　熱	氷　蓄　熱
蓄熱形式	顕熱蓄熱	顕熱・潜熱蓄熱
蓄熱槽容量	大きい	小さい（一般に水蓄熱の1/5程度）
特　徴	冷凍機の冷媒蒸発温度が高くなるので、成績係数は氷蓄熱より高くなる。	低温冷水が供給できるので、大温度差空調によるダクトサイズの縮小や搬送動力の削減が可能となる。
備　考	非常災害時に使用できる。	蓄熱槽の主流となっている。

このような自家発電施設の多くは、ガスを燃焼させてタービンを回して発電するが、発電の際にガスエンジンで発生する排熱を利用して温水をつくり、建築物内あるいは周辺の地域の建物に冷暖房用として温水を供給することができる。熱と電気を供給することから熱電併給（コージェネレーション）システムとよぶ。また、建築物内だけでなく周辺の地域に熱を供給する場合は、地域熱供給という。図3・41に地域熱供給の例を示す。

❷空気調和設備のシミュレーション

　パーソナルコンピュータの発達に伴い、空調システムシミュレーションも容易に行われるようになっている。シミュレーションをすることで、建築物の計画段階で、年間空調用エネルギーの算定や室内温熱環境評価などができる。より省エネルギーで快適な建物の計画のために、空調システムシミュレーションは一層重要になる。

　これまでに、様々なシミュレーションツールが開発・提供されている。代表的なものに米国エネルギー省が発表したEnergy Plusがある。わが国で開発されたツールには、住宅用の比較的簡易なツールであるSMASHや、空調だけでなく照明設備、給湯設備、昇降機設備等を含めた建築物の総合的なエネルギーシミュレーションが可能なBESTなどがある。

❸省エネルギーに配慮した空調設備の運用・管理

　空調設備を構成する各機器での省エネルギー対策を講じることが重要であることはいうまでもないが、それらの機器を総合的に監視・制御して、空調設備全体として効率の高い状態で稼働させることも重要である。

　BEMS（Building and Energy Management System）は、室内外の環境情報と建築物内の設備全体のエネルギー消費に関係する機器の運転状況の監視・制御を自動化・一元化するシステムである。BEMSは、建築物内のエネルギー使用状況や設備機器の運転状況を一元的に把握し、さらに、その時々の需要予測に基づいた最適な運転制御を行うことができる。

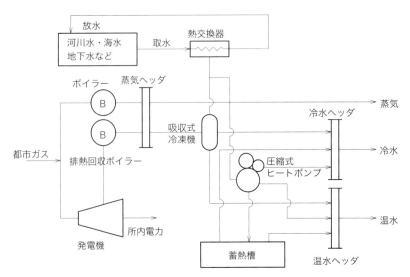

図3・41　地域熱供給の例（未利用エネルギーの利用）

4章　電気設備

4・1 電気設備の概要

わが国ではじめてアーク灯がともったのは、1882年、東京の銀座であり、わが国の電気エネルギー利用は、歴史的に見てわずか百数十年程度のものである。

電気エネルギーは、建築物に必要な設備機器の運転にとって不可欠なものである。近年、特にオール電化住宅やインテリジェントビルなど、ますますその重要性が高まってきている。

建築の電気設備には、図4・1に示すように、光、力、熱として利用される電力設備や、装置の制御、意思の伝送・表示に利用される通信情報設備などがある。電力設備の主なものには、受変電設備、自家用発電設備、蓄電池設備、配線設備、照明設備、コンセント設備、動力設備などがある。また、通信情報設備には、電話設備、拡声（放送）設備、インターホン設備、テレビ共同聴視設備などがある。

電気設備は、表4・1に示すように、多くの法令によって規制されている。電力設備では、電気事業法、電気用品取締法、電気工事士法などがあり、通信情報設備では、電気通信事業法、電波法、有線テレビジョン放送法などがある。

電気は、図4・2に示すように、水力、火力、または原子力発電所などから変電所を経て需要家まで送・配電線によって供給される。

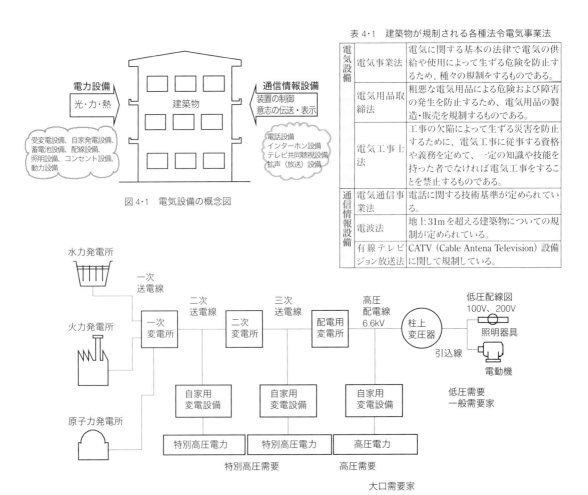

表4・1 建築物が規制される各種法令電気事業法

電気設備	電気事業法	電気に関する基本の法律で電気の供給や使用によって生ずる危険を防止するため、種々の規制をするものである。
	電気用品取締法	粗悪な電気用品による危険および障害の発生を防止するため、電気用品の製造・販売を規制するものである。
	電気工事士法	工事の欠陥によって生ずる災害を防止するために、電気工事に従事する資格や義務を定めて、一定の知識や技能を持った者でなければ電気工事をすることを禁止するものである。
通信情報設備	電気通信事業法	電話に関する技術基準が定められている。
	電波法	地上31mを超える建築物についての規制が定められている。
	有線テレビジョン放送法	CATV（Cable Antena Television）設備に関して規制している。

図4・1 電気設備の概念図

図4・2 送電と配電

4・2　電力設備

1 電源設備

1）受変電設備

電源は、基本的には電力会社から購入している。電気を消費する需要家は、電力会社と需給契約を結び、契約電力の大きさにより受電電圧がきめられる。電気設備に採用される電圧には、直流と交流があり、電気技術基準によって表4・2に示すように低圧、高圧、特別高圧に区分される。

契約電力が50kW未満の場合は、電力会社から低圧で供給されそのまま電圧変換することなく使用し、一般に契約電力が50kW以上の場合は高圧で、2000kW以上の場合は特別高圧で供給され、需要家自ら必要電圧に変換して使用する。前者は一般の住宅や小店舗で、単相2線式100Vまたは単相3線式100/200Vの電圧で使用される。後者は大規模なビルや工場で、高圧または特別高圧で供給を受け、それらを自らの建物内において100V、200Vまたは400Vに降圧して使用される。

自家用受変電設備は、受電電圧により3kV、6kVで受電する高圧受変電設備と、10kV以上で受電する特別高圧受変電設備に分類される。また、受変電設備の形式により工場で製作されるキュービクル式と、現場で組み立てられる自立開放型があり、設置場所によっても屋外、屋内受電設備に分類され、一般のビルなどは屋内に設置されることが多い。

受電方式には、図4・3に示すように、1回線受電方式、2回線受電方式、スポットネットワーク方式がある。

表4・2　電圧の種別

	低圧	高圧	特別高圧
直流（DC）	750V以下	750Vを超え7000V以下	7000Vを超える電圧
交流（AC）	600V以下	600Vを超え7000V以下	

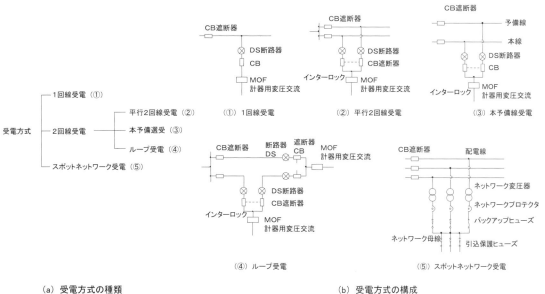

(a) 受電方式の種類　　　(b) 受電方式の構成

図4・3　受電方式

ⓐ 1回線受電方式 この方式は、最も一般的な方式で、施設費は安価であるが事故や保守点検時には全停電となり、信頼度は低い。

ⓑ 2回線受電方式 この方式には、平行2回線受電方式、本予備受電方式、ループ受電方式などがあり、本線が事故または工事による停電となっても、直ぐに予備線に切替えて継続して受電することができ信頼度は高い。しかし、切替えの瞬時の停電は避けることができない。

ⓒ スポットネットワーク受電方式 大規模な建物は、機能維持のため、高度な電力供給の信頼度が求められる。この方式は、変電所からの供給側回線より分岐し、受電側の配電線に断路器のみを介して、直接各ネットワーク変圧器に接続される。さらに、変圧器の二次側には、ネットワークプロテクタが設けられ、その負荷側は一つの母線で並列に結ばれ、その母線から幹線保護装置を介して各負荷に配電されるもので、予想される事故に対して事故区間を切り離し、他の健全設備から無停電供給が可能であるので、供給信頼度が非常に高い。

2) 受変電設備の構成機器

受変電設備の主な機器には、図4・4および表4・3に示すように、受電する電路に短絡や過負荷などが起きたときに自動的にこれを遮断する主遮断装置、変電のための変圧器および、低圧側の電力を分配するための配電盤などがあり、他に避雷器、力率改善用コンデンサー、保護継電器、指示計器、計器用変成器などが付加される。

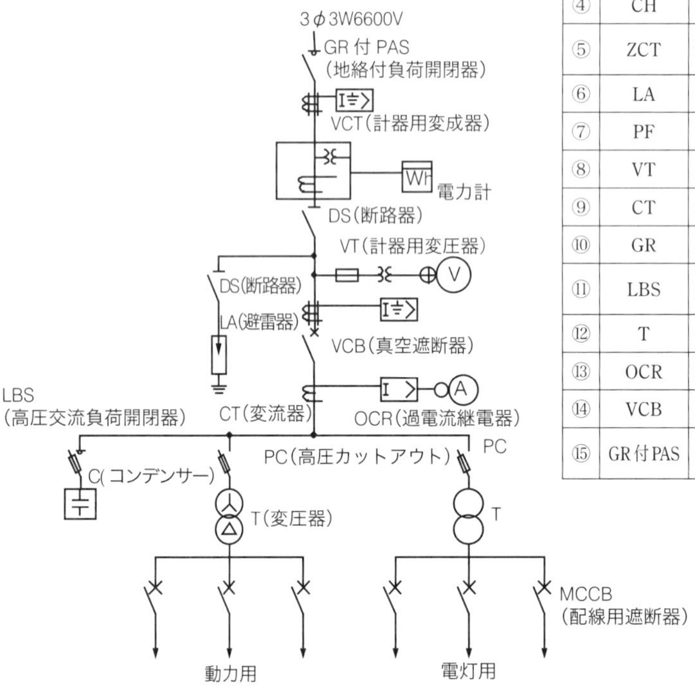

表4・3 高圧受電設備機器

	記号	名称	記号の説明
①	VCT	計器用変成器	Combined Voltage and Current Transformer
②	Wh	電力需給用電力計	Watt-hourMeters
③	DS	断路器	Disconnecting Switches
④	CH	ケーブルヘッド	Cable Heads
⑤	ZCT	零相変流器	Zero-Phase-sequence Current Transformers
⑥	LA	避雷器	Lightning Arresters
⑦	PF	電力ヒューズ	Power Fuses
⑧	VT	計器用変圧器	Voltage Transformers
⑨	CT	変流器	Current Transformers
⑩	GR	高圧地絡継電器	Ground Relays
⑪	LBS	高圧交流負荷開閉器	AC Load Break Switches for 6.6kV
⑫	T	変圧器	Transformers
⑬	OCR	過電流継電器	Over Current Relays
⑭	VCB	真空遮断器	Vacuum Circuit Breakers
⑮	GR付PAS	地絡付負荷開閉器	Pole Air Switches with Ground Relay

図4・4 受変電設備の構成

❶ 計器用変成器　計器用変成器は、受変電設備において、高電圧、大電流を取り扱うので、計測や制御のために変成して低電圧、小電流にする装置である。

❷ 遮断器　遮断器は、定常状態での回路の開閉のほか、異常時、速やかに回路を遮断し、電気回路や電気機器を保護するもので、真空遮断器が多く使用される。

❸ 断路器　断路器は、高圧電路の開閉に用いられ、負荷電流を流したままで開閉する能力はない。

❹ 進相コンデンサー　進相コンデンサーは、受変電設備または負荷に並列に接続することにより、力率を改善する目的で設置される。コンデンサーには電圧に対して90°の進み電流が流れ、電圧と電流の位相差を無くすことにより改善される。

❺ 変圧器　変圧器は、受変電設備の重要な機器で、高圧電圧を必要な低圧に変成するものである。

　変圧器の構造は、図4・5に示すように、成層鉄心に絶縁された一次コイルと二次コイルを巻いたものである。また、変圧の原理は、一次コイル側に電圧を加えると、二次コイル側に交流の磁気作用により誘導起電力が発生し、一次側と二次側の電圧の関係はコイルの巻数比に正比例する。したがって、変圧器のコイルの巻数を変えることによって電圧を自由に変えることができる。

❻ 避雷器　避雷器は引込み口の近くに設置し、雷などによる異常電圧が侵入した場合、大地に放電させ、機器の絶縁を保護するものである。

図4・6に、大規模施設に設置される受変電設備の例を示す。

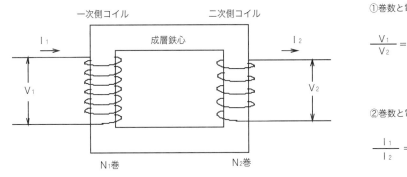

図4・5　変圧器の原理

① 巻数と電圧の関係

$$\frac{V_1}{V_2} = \frac{N_1}{N_2} = 巻数比$$

② 巻数と電流の関係

$$\frac{I_1}{I_2} = \frac{N_2}{N_1} = \frac{1}{巻数比}$$

(a) 外観

(b) 内部

図4・6　受変電設備（キュービクル）の例　(提供：パナソニック)

3) 自家用発電設備

自家用発電設備とは、自ら使用する電気を、発電設備を用いて発電するものをいうが、普段は電力会社から受電し、停電時だけ発電するものを予備発電設備、常時発電するものを常用発電設備という。

予備発電設備は、建築基準法では予備電源設備、消防法では非常電源設備と呼ばれる。

自家用発電設備の原動機は、ディーゼル機関が多用されるが、軽量で振動も少ないガスタービンも使用される。小容量の場合は、ガソリン機関や都市ガスを熱源とするマイクロガスタービンが使用されている。

ディーゼル機関は、他の原動機に比較して自動始動、停止が容易で設備費が安く熱効率も高く経済的である。しかし、ピストンの往復運動を回転運動に変えているため、振動、騒音が大きいので防音、防振対策が必要である。

自家発電による電源と受電電源との並列使用は行わないのが原則であるから、受電用遮断器と発電機用遮断器との間にはインターロックを施して、どちらか一方のみの使用としなければならない。

常用発電設備には、図4・7に示すように、発電と同時にエンジンの排熱を給湯や冷暖房の熱源として利用されるコージェネレーション（熱電併給システム）として使用されるものがある。

4) 太陽電池

太陽電池は、太陽の光エネルギーを吸収して電気に変換するもので、電気を蓄える機能はなく、光の強さに比例して電気が作られる。

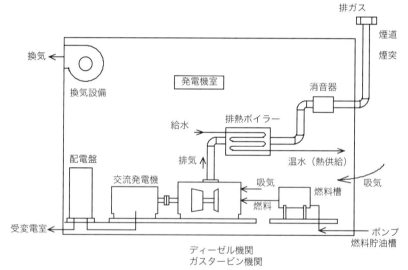

図4・7 自家用発電設備の系統図

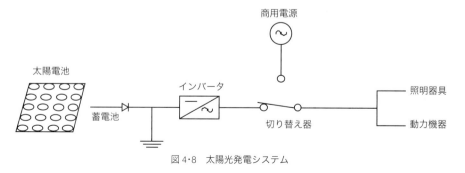

図4・8 太陽光発電システム

太陽電池の種類には、使用する材料の違いにより、シリコン系と化合物半導体系がある。シリコン系には、単結晶・多結晶シリコン太陽電池と、アモルファスシリコン太陽電池がある。また、化合物半導体系には単結晶・多結晶化合物半導体太陽電池などがある。集光面積当たりの出力は、約100〜150W/m²である。

個人住宅用には、3〜5kW程度の太陽光発電システムが採用される。太陽光発電システムは、図4・8に示すように、太陽電池、インバータ及び変圧器などから構成される。

5）燃料電池

燃料電池は、図4・9に示すように、水の電気分解と逆の原理で、水素と酸素を電気化学反応させ電気を作り出すもので、一般に水素は天然ガスなどの改質によって得られ、酸素は空気から取り込まれる。

燃料電池は、電解質によって、個体高分子型、リン酸型、溶融炭酸塩型、固体電解質型などに分類される。

6）蓄電池設備

蓄電池設備とは、蓄電池、充電装置などで構成されたものをいい、受変電設備の操作用電源や非常用照明などの防災用電源として用いられる。構造および性能の基準は消防法施行規則に定められている。

蓄電池には、鉛蓄電池、アルカリ蓄電池などがあり、化学エネルギーを電気エネルギーに変換して充電し、必要に応じて電気を取り出すことができる。蓄電池は、酸霧が放出せずかつ補水を必要としないシール型と、排気栓にフィルタなどを設け酸霧が抜け出ないようにしたベント型に分類される。

ⓐ鉛蓄電池　鉛蓄電池は、図4・10に示すような極板を希硫酸の液中に設けたもので、陽極には二酸化鉛、陰極には鉛を用いたもので、公称電圧は2Vである。

ⓑアルカリ蓄電池　アルカリ蓄電池は、電解液に水酸化カリウム溶液を用い、陽極に水酸化第二ニッケル、陰極にカドミウムを用いたもので、公称電圧は1.2Vである。鉛蓄電池に比べ、小形軽量で振動にも耐え、寿命も長く、有害なガスを発散しない。

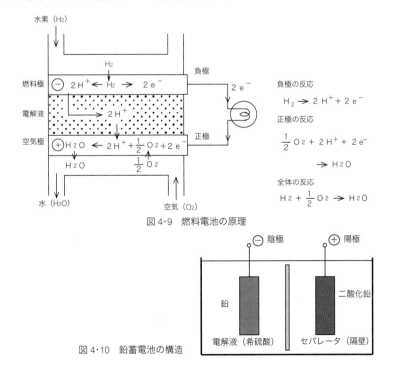

図4・9　燃料電池の原理

図4・10　鉛蓄電池の構造

2 配電方式

1) 幹線

幹線とは、配電盤から分電盤までの配線をいう。

幹線の電源側の電線は太く、電気を消費する負荷側に行くにしたがって細くなる。幹線は、用途（電灯用・電動機用など）、ゾーン（建築物をゾーンに分ける）、常用・非常用（受電・自家発電）などに分けて構成される。配電盤から分電盤までの配線形態も図4・11に示すように多数の方式がある。

2) 幹線のサイズの決め方

幹線に使用する配線のサイズは、電線に流れる電流の大きさを求め、電線の許容電流、許容電圧降下、機械的強度、負荷の需要率、将来の負荷の増設を考慮して決定しなければならない。

ⓐ 電線の許容電流　電線に電流が流れると、抵抗により電線が加熱し、電線被覆の絶縁が劣化する。安全に流すことができる最大の電流を許容電流という。許容電流は、使用する電線、ケーブルなどの種類や工事方法によりその値が内線規定で定められている。表4・4に絶縁電線の許容電流を示す。絶縁電線を管に入れたり、ケーブルで被覆したりすると放熱が悪くなるため許容電流が減少する。この減少率を電流減少係数という（表4・5）。

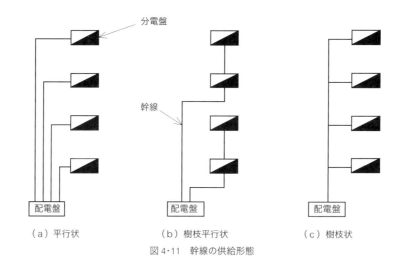

図4・11　幹線の供給形態

表4・4　絶縁電線の許容電流

導体の太さ		許容電流 (A)	
単線 (mm)	より線 (mm²)	単線 (mm)	より線 (mm²)
1.6	—	27	—
2.0	—	35	—
2.6	5.5	48	49
3.2	8	62	61
—	14	—	88
—	22	—	115

表4・5　電流減少係数

工事の種類	電線の本数			
	3本以下	4本	5～6本	7本～15本
硬質ビニル管工事	0.60	0.53	0.46	0.39
金属管工事	0.70	0.63	0.56	0.49

ⓑ 許容電圧降下　交流回路において回路に電流が流れると、抵抗やコイルにより、電圧降下が生じる。電線こう長が長くなると、電圧降下も大きくなる。電線こう長と許容電圧降下の許容範囲は、内線規定に定められている。建築物内の電路の電圧降下は、一般に幹線、分岐回路とも標準電圧の2%以下とするのが原則である。ただし、受電設備のある場合の幹線の電圧降下は、3%以下としている。実際に使用する電気方式に対する線路抵抗による電圧降下計算式を、表4・6に示す。

ⓒ 機械的強度　低圧屋内配線は、直径1.6mmの軟銅線、もしくは、これと同等以上の強さおよび太さのもの、または断面積が1mm²以上のMIケーブルでなければならない。また、高圧屋内配線は、直径2.6mmの軟銅線と同等以上の強さおよび太さの高圧絶縁電線でなければならない。

ⓓ 負荷の需要率　需要率とは、ある期間中における需要家の最大需要電力と設備容量との百分比をいう。

3）分岐回路

分岐回路とは、分電盤から直接各負荷に至る配線をいう。

ⓐ 分岐回路の施設　低圧屋内幹線から分岐した回路には、図4・12に示すように、3m以下に開閉器および過電流遮断器を施設しなければならない。ただし、電線の許容電流が過電流遮断器の定格電流の35%以上では8mまで、55%以上では8mを超える箇所に施設することができる。

ⓑ 分岐回路の種類　50A以下の低圧屋内電路に施設される過電流遮断器の容量によって、表4・7に示すように分類される。

表4・6　電圧降下計算式

電気方式	電圧降下 (V)
直流2線式および単相2線式	$e = \dfrac{35.6 \times L \times I}{1000 \times A}$
三相3線式	$e = \dfrac{30.8 \times L \times I}{1000 \times A}$
単相3線式および三相4線式	$Ie' = \dfrac{17.8 \times L \times I}{1000 \times A}$

e：電線間の電圧降下 (V)
e'：外側線と中性線との電圧降下 (V)
L：こう長 (m)
I：負荷電流 (A)
A：配線の断面積 (mm²)

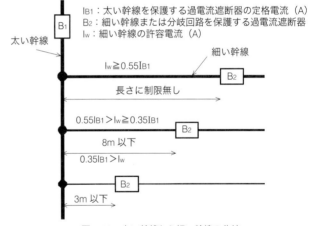

図4・12　太い幹線から細い幹線の分岐

表4・7　分岐回路の種類

分岐回路の種類	コンセントの定格電流	低圧屋内配線の太さ
定格電流が15Aを超え20A以下の配線用遮断器で保護されるもの	定格電流が15A以下のもの	直径1.6mm（MIケーブルにあっては断面積1mm²） (注) 20Aコンセントには、1.6mmのVVケーブルは使用しないこと
定格電流が15Aを超え20A以下の過電流遮断器（配線用遮断器を除く）で保護されるもの	定格電流が20Aのもの	
定格電流が20Aを超え30A以下の過電流遮断器で保護されるもの	定格電流が20A以上30A以下のもの	直径2mm（MIケーブルにあっては断面積1.5mm²）
定格電流が30Aを超え40A以下の過電流遮断器で保護されるもの	定格電流が30A以上40A以下のもの	直径2.6mm（MIケーブルにあっては断面積2.5mm²）
定格電流が40Aを超え50A以下の過電流遮断器で保護されるもの	定格電流が40A以上50A以下のもの	直径14mm²（MIケーブルにあっては断面積10mm²）
定格電流が15A以下の過電流遮断器で保護されるもの	定格電流が20A以下のもの	直径8mm²（MIケーブルにあっては断面積6mm²）

4）電気方式

電気方式には、表4・8に示すように、単相2線式100V、単相3線式100／200V、三相3線式200V、三相4線式などがある。

ⓐ単相2線式　単相2線式には100Vと200Vがあり、100Vは住宅や小規模の需要家に採用され、200Vは、工場のアーク溶接機の電源として使用される。

ⓑ単相3線式　単相3線式は、100Vと200Vが同時に使用でき、設備容量の多い住宅やビルに採用される。

表4・8　電気方式

	結線図	適用範囲
単相2線式	高圧 100V 接地（アース）	負荷容量の小さい住宅や小規模なビルに採用され、対地電圧は100Vである。
単相3線式	高圧 100V／200V／100V	負荷容量の大きい住宅や大規模なビルに採用され、100V及び200Vの電圧を供給できる。対地電圧は100Vである。
三相3線式	高圧 200V／200V／200V	三相誘導電動機のような動力用の電源として採用され、対地電圧は200Vである。
三相4線式	高圧 240V／415V	大規模なビルや工場に採用され、電圧が415Vと高い分供給のための電線サイズが細くできる。コンセントなどの100V負荷には降圧して使用される。

表4・9　配線方法と施設場所

配線工事方法		展開した場所または点検できる隠ぺい場所		点検できない隠ぺいした場所	
		300V以下	300V超過	300V以下	300V超過
がいし引き工事		◎	◎	●	●
合成樹脂線ぴ工事		○	●	●	●
合成樹脂管工事	CD管以外	◎	◎	◎	◎
	CD管	◇	◇	◇	◇
金属管工事		◎	◎	◎	◎
金属線ぴ工事		○	●	●	●
金属製可とう電線管工事	1種	○	△	●	●
	2種	◎	◎	◎	◎
金属ダクト工事		○	○	●	●
バスダクト工事		○	○	●	●
ライティングダクト工事		○	●	●	●
フロアダクト工事		−	−	☆	●
セルラダクト工事		△	−	☆	−
平形保護層工事		△	●	●	●
ケーブル工事	下記以外	◎	◎	◎	◎
	ビニル・2種キャブタイヤ	○	●	●	●
	3・4種キャブタイヤ	◎	◎	◎	◎

注　◎：施設できる。　○：乾燥した場所に限り施設できる。　●：施設できない。
　　□：点検できる隠ぺい場所で、乾燥した場所に限る。
　　△：乾燥した場所で、電動機に接続する部分で可とう性を必要とする部分に限る。
　　☆：乾燥した場所で、コンクリート等の床内に限る。
　　◇：直接コンクリートに埋め込んで施設する場合を除き、専用の不燃材または自消性のある難燃性の管またはダクトの場合に限り施設できる。

❸ 三相3線式　　三相3線式は、一般に動力用200V幹線として、工場やビルに採用される。
❹ 三相4線式　　三相4線式は、大容量ビルや工場に採用され、415Vは動力用、240Vは40W以上の蛍光灯に使用され、100V負荷に対しては変圧器により降圧して使用される。

❸ 配線工事

1）配線工事の種類

配線工事には、表4・9および図4・13に示すように種々の方法があり、電気設備技術基準に工事方法が示されている。

❶ 金属管工事　　金属管をコンクリート内に埋め込むか、隠ぺいまたは露出にて造営材に固定し、その中に絶縁電線を通す工事方法である。表4・10に絶縁電線の種類を示す。

❷ 合成樹脂管工事　　硬質塩化ビニル管や合成樹脂製可とう管（PF管）およびコンクリート埋め込み専用の可とう管（CD管）などに絶縁電線を入れて保護して配線する工事方法である。

❸ ケーブル工事　　ケーブルを造営材に沿って支持する配線方法である。表4・11電力ケーブルの種類と用途を示す。

❹ 金属ダクト工事　　長方形ダクト内に絶縁電線やケーブルを配線したもので低圧幹線工事などに使用される。

表4・10　絶縁電線の種類

名称（表示記号）	外　観	用　途
600Vビニル絶縁電線（IV電線）	軟銅線／塩化ビニル樹脂混	低圧の屋内配線に使用される。
600V2種ビニル絶縁電線（HIV電線）	銅線／耐熱ビニル	耐熱性が必要な低圧の屋内配線に使用される。
引込用ビニル絶縁電線（DV電線）	銅線／塩化ビニル樹脂混合物	低圧の架空引込線に使用される。
600V耐熱性ポリエチレン絶縁電線（EM − IE）	銅線／ポリエチレン	耐熱性を必要とされる低圧の屋内配線に使用される。

表4・11　電力ケーブルの種類

名称（表示記号）	構成図	用途
600Vビニル絶縁ビニルシース	VVF ビニルシース／ビニル絶縁体／軟銅導体　VVR	600V以下の低圧回路に使用される
600V架橋ポリエチレン絶縁耐熱性ポリエチレンシースケーブル	絶縁体（架橋ポリエチレン）／耐熱性ポリエチレン／導体／介在／テープ	低圧から特別高圧まで広く使用される
600Vポリエチレン絶縁耐熱性ポリエチレンシースケーブル	絶縁体（ポリエチレン）／耐熱性ポリエチレン／導体／介在／テープ	600V以下の低圧回路に使用される
架橋ポリエチレン絶縁ビニル	ビニルシース／架橋ポリエチレン／セパレータ／銅導体	600V以下の低圧回路に使用される
耐火ケーブル	シース（ポリオレフィン系）／絶縁体／耐火層／導体	防災設備の電源配線として使用される

❺ バスダクト工事　　金属製ダクト内に絶縁体を介して硬銅帯を直接収めたもので工場や電気室内の高圧幹線工事に使用される。

❻ フロアダクト工事　　事務室などの床に、偏平な角パイプをジャンクションボックスを介して格子状に埋め込み、床から多数の配線を取り出すことができる工事方法である。

❼ 金属製可とう電線管工事　　1種可とう管と2種可とう管がある。前者は、亜鉛メッキした軟鋼帯を波状に成形し重ね合わせた可とう性の電線管である。後者は、鉛メッキした帯鋼とファイバとを三重に重ね合わせた可とう電線管で、1種可とう電線管より機械的強度が優れている。一般には、2種可とう電線管が用いられる。

❽ ライティングダクト工事　　電気機器や照明器具の電源を自由に取ることができる工事方法である。

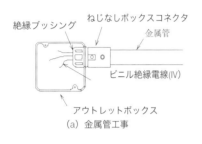
(a) 金属管工事

(b) 合成樹脂管工事

(c) ケーブル工事

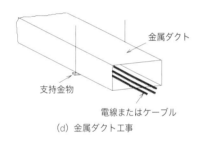
(d) 金属ダクト工事

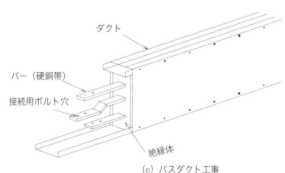
(e) バスダクト工事
(f) フロアダクト工事

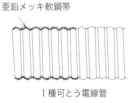
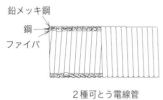
(g) 金属製可とう電線管工事

(h) ライティングダクト工事

図4・13　各種配線工事

2）接地工事

ⓐ接地工事の目的　電路の絶縁低下または高圧回路との混触などにより、火災を起こしたり人畜に感電をさせたりすることを防ぐため、電路または機械器具の金属部分を大地に接続する。

ⓑ接地工事の種類　接地工事には、表4・12および図4・14に示すように、施設箇所により、A種接地工事、B種接地工事、C種接地工事、D種接地工事がある。

3）コンセント設備

コンセント設備とは、電気を使用する機械器具の電源を供給するための設備である。

コンセントは、住宅での家庭用電気器具の使用の増加および事務所建物での事務用機器・情報機器などの導入の増加により、多くの容量が必要となっている。

コンセントの設置場所は、壁や柱以外にも、インテリジェントビルなど机上のOA機器に電源を床配線により供給するものや、工場やスーパーなどに採用されるレール状なったコンセントを天井に取りつけ自由に電源を取ることができるライティングダクトのようなものもある。

コンセントの形状には、配線方式の電圧や分岐回路の電流によって表4・13に示すようなものがあり、また、2極以外に、接地を必要とする機器には接地極付き3極のコンセントがある。

表4・12　接地工事の種類

接地工事の種類	接地抵抗	接地線の太さ	施設場所
A種接地工事	10Ω以下	2.6mm以上	高圧用の機械器具の鉄台および金属外箱 高圧電路に施設する避雷器など
B種接地工事	150/I I：高圧側一線地絡電流	2.6mm以上	高圧または特別高圧電路と低圧電路とを結合する変圧器の低圧側の中性点または1端子など
C種接地工事	10Ω以下	1.6mm以上	300Vを超える低圧用の機械器具の鉄台および金蔵製外箱、金属管、金属ダクトなど
D種接地工事	100Ω以下	1.6mm以上	300V以下の低圧用の機械器具の鉄台および金属製外箱、高圧計器用変圧器の2次側電路、金属管、金属ダクトなど

表4・13　コンセントの形状

	単相100V		単相200V		三相200V	
一般形	125V 15A	125V 20A	250V 15A	250V 20A	250V 15A	250V 20A
接地極付	125V 15A	125V 20A	250V 15A	250V 20A	250V 15A	250V 20A

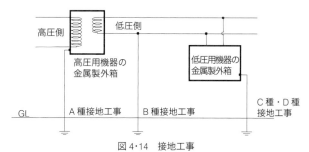

図4・14　接地工事

4 動力設備

　動力設備とは、表4・14に示すように、建築物に設置される機器の動力源としての電動機に電力を供給するための配線や、機器の運転の監視および制御さらに回路を保護するための制御盤等を含めた設備である。

1) 電動機の種類

　電動機には、図4・15に示すように、交流電動機と直流電動機がある。また、誘導電動機には、三相誘導電動機と単相誘導電動機がある

ⓐ交流電動機　　交流を電源とする電動機で、三相誘導電動機、単相誘導電動機、三相同期機などがある

ⓑ直流電動機　　交流電源を直流に変換して使用する電動機で、直巻電動機、分巻電動機、複巻電動機などがある。速度制御が比較的やりやすく、始動トルクが大きいのが特徴で、エレベータや電車などに使用される。

ⓒ三相誘導電動機　　回転子が電磁力のために三相交流による回転磁界について回ることを利用した電動機である。構造が簡単で、安価で、丈夫で、取り扱いが容易なため、動力用として広く使用される。回転子の構造により、かご形、巻線形に大別される。

ⓓ単相誘導電動機　　固定子の単相巻線がつくる磁界は回転しないが、同期速度近くまで回してやると回転を続ける電動機である。始動法によって分相始動形、コンデンサー始動形、くま取り始動形、反発始動形などがあり、0.4KW以下の小形電動機として利用される。

2) 電動機の絶縁種別

　電気機器の絶縁種別は、表4・15に示すように、許容温度上昇限度により、Y種からC種の7種類に分けられる。一般に、低圧電動機はE種（120℃）、高圧電動機はB種が用いられる。

表4・14　動力設備の種類

空気調和動力	ボイラー・冷凍機の熱源機器、熱源搬送用ポンプ、空気調和機、給排気用送風機
給排水衛生動力	揚水ポンプ、排水ポンプ、汚水処理装置、厨房機器
消火排煙動力	消火用ポンプ、排煙送風機
搬送動力	エレベータ、エスカレータ、駐車場機械設備

表4・15　電動機の絶縁種別

絶縁種別	許容温度上昇限度
Y種	90℃
A種	105℃
E種	120℃
B種	130℃
F種	155℃
H種	180℃
C種	180℃超過

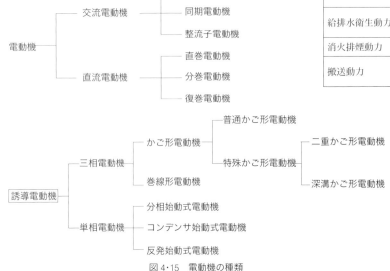

図4・15　電動機の種類

3）誘導電動機の回転速度

誘導電動機の回転子は、次式のように、極数と周波数によって回転数が決まる。この回転数を同期速度という。また、回転子は外部に機械力を取り出すために同期速度よりも少し遅れて回転する。回転子の回転数と同期速度の差の同期速度に対する比を、すべりという。

$$同期速度 No = \frac{120 \times f}{p}$$

$$すべり = \frac{No - N}{No}$$

No：同期速度〔rpm〕
f：電源周波数〔Hz〕
p：極数
N：回転子の回転数〔rpm〕

三相誘導電動機は、図4・16に示すように、3本の電線路のうち何れか2本を入れ替えることにより回転方向を変えることができる。

4）電動機の保護

電動機を直入始動すると、電動機の定格電流の5～8倍の始動電流が回路に流れる。したがって、瞬時に流れる始動電流では保護装置が作動しないようになっている。三相誘導電動機の始動法に、Y－△始動（スターデルタ始動）がある。これは図4・17に示すように、始動時に電動機の巻線をY結線にして、運転時に△結線に切り替えて正常な運転にするものである。Y－△始動によって、始動時の電流は運転時の1/3に制御できる。

電動機の保護装置には電磁開閉器、配線用遮断器などがある。

ⓐ電磁開閉器　電動機の加負荷保護を目的とするもので、電磁接触器と熱動形の過負荷継電器を組み合わせたものである。

ⓑ配線用遮断器　回路保護を目的とするもので、過電流負荷に対してはバイメタルで、短絡電流に対しては電磁力で動作するものである。

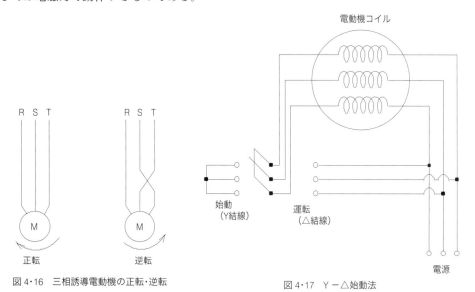

図4・16　三相誘導電動機の正転・逆転

図4・17　Y－△始動法

4・3 照明設備

照明設備とは、人工光によって空間に明るさを提供する設備で、照明設備によって人が視覚を通して受ける影響や効果は様々である。

1 照明設備の基本事項

1) 目の構造と働き

人間の直接視作業に要する器官は、図4・18に示すように、水晶体、毛様体、虹彩、網膜、脈絡膜などである。網膜に入射した光は、光化学変化によって視神経に電気的刺激を与え、変換された信号が、脳の視認中枢に伝達され、視覚として知覚される。

2) 測光量

測光量には、図4・19に示すように光束、照度、光度、輝度などがある。

- **ⓐ 光束**　人の視覚に基づく光の量で、単位には、ルーメン〔lm〕を用いる。
- **ⓑ 照度**　光を受ける面の単位面積に入射する光束をいい、照らされる面の明るさの指標である。単位には、ルクス〔lx〕を用いる。1ルーメンの光束で$1m^2$の面を一様に照らす場合、1ルクスとなる。
- **ⓒ 光度**　光源のある方向に対する光の強さをいい、単位にはカンデラ〔cd〕を用いる。光度は単位立体角あたりの光束であり、点光源を中心に半径1mの球面上の$1m^2$の面積を通過する光束が1ルーメンの場合、その方向の光度は1カンデラとなる。
- **ⓓ 輝度**　光源、反射面、透過面をある方向から見たときの面の明るさをいい、単位には〔cd/m^2〕を用いる。

3) 色温度と演色性

- **ⓐ 色温度**　完全放射体はその温度に応じて放射する光の色が決まる。光源の色をその温度で表したものを色温度といい、色温度が低いと橙色であたたかみを感じさせ、高いと青白色ですずしさを感じさせる。
- **ⓑ 演色性**　物体の色の見え方を左右する光源の性質のことである。自然光で照明したときに近いほど演色性がよいという。

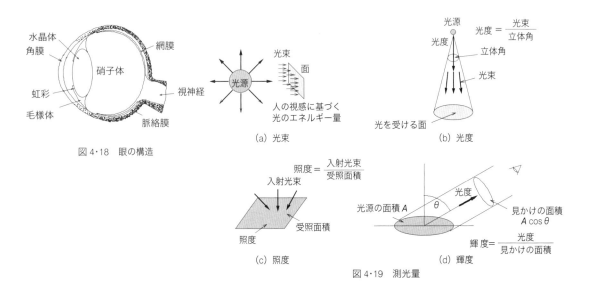

図4・18　眼の構造

図4・19　測光量

2 光源の種類

建物の照明に使われる光源には、表4・16に示すように、白熱電球と放電ランプ、さらにLED電球などが使用される。

ⓐ 白熱電球 白熱電球は光源が小さく、点滅や調光が容易であるが、放熱し効率が悪く、寿命が短い。ハロゲン電球は白熱電球にハロゲン化合物を封入し高効率で長寿命に改良されたものである。

ⓑ 放電ランプ 放電ランプには、蛍光ランプ、水銀ランプ、メタルハライドランプ、ナトリウムランプなどがある。蛍光ランプは放電で生じる紫外線を蛍光物質にあてて可視光線を得るもので効率が良く、寿命が長いが放電電流を制限するため、安定器が必要である。また、蛍光ランプの点灯方式にはスタータ式、ラピッドスタート式、インバータ式などがある。水銀ランプは、内面に蛍光塗料を塗布されたランプに水銀蒸気を封入したもので、点灯に時間を要する。メタルハライドランプは、水銀ランプを改善したもので、ランプ内に水銀のほか各種金属のハロゲン化合物を封入したものである。ナトリウムランプは、ナトリウム蒸気中の放電による発光を利用したもので光色は黄色で、霧や煙の中での透過性が良いランプである。

ⓒ LED電球（Light Emitting Diode Lamp） 発光ダイオードを使用した電球で、発光効率が高いため消費電力が少なく、低発熱で寿命が長い。電球の形状には、白熱電球と同形のボール電球などがある。

3 照明方式

照明方式は、器具の配光によって、表4・17に示すように、直接照明、半直接照明、全般拡散照明、半間接照明、間接照明に分けられる。また、器具の配置の仕方によって、全般照明、局部照明、全般局部併用照明に分けられる。

表4・16 光源の種類

光源の種類		用途				特徴
		容量（W）	光質	効率（lm/W）	寿命（h）	
白熱電球	白熱電球	10～1000	・高輝度 ・赤味の光色 ・熱放射が多い	7～22	1000～2000	・住宅、店舗 （全般照明・スポット照明）
	ハロゲン電球	100～2000	・高輝度 ・光色は昼光色に近い	20～22	2000～3000	・映写用光源 ・劇場の照明
放電ランプ	蛍光ランプ	4～110	・低輝度 ・光色の調整可能 ・熱放射が少ない	48～80	3000～10000	・屋内、屋外照明 ・全般照明 ・局部照明
	水銀ランプ	40～2000	・高輝度 ・青味の光色 ・紫外線の割合が多い	50～60	6000～12000	・高天井照明 ・投射照明 ・道路照明
	メタルハライドランプ	70～1000	・高輝度 ・自然色に近い光色	80～88	6000～9000	・高天井照明 ・屋外照明
	ナトリウムランプ	18～180	・低圧は黄橙色の単光色 ・高圧は黄白色	高圧130～160 低圧135～180	9000～12000	・道路照明 ・トンネル照明
LED電球		4～70	・高輝度 ・低発熱 ・光色の調整可能	46～100	30000～50000	・屋内、屋外照明 ・全般照明 ・局部照明

表4・17 照明方式の分類

照明方式	直接照明	半直接照明	全般拡散照明	半間接照明	間接照明
配光					
上向き光束（%）	0～10	10～40	40～60	60～90	100～90
下向き光束（%）	90～100	10～0	40～10	60～40	90～60

4 照明器具

　照明器具は、光源の配光を変えたり、グレアカットしたり、保護や装飾を施した様々なものがあり図4・19にノングレア照明器具を示す。器具の取付け状態により、図4・20に示すように、直付け型、埋込み型、吊下げ型、卓上型、壁付け型などがある。さらに、防水性能を持つ防滴型、防雨型などもある。

5 照明設計

　照明計算には、光束法と遂点法がある。光束法とは、全般照明に用いられ周囲からの反射光を考慮した室の平均照度を得るための器具台数を求める方法で、遂点法とは、局部照明に用いられ周囲からの反射光を考慮しない直接照明のみの明るさを求める方法である。

照明設備の光束法による設計手順は、図4・21に示す手順で行われる。

ⓐ 照度の決定　　照度の決定には、建物別、部屋別に、表4・18に示すように、JIS（日本工業規格）の照度基準を参考にする。

ⓑ 光源の選定　　光源の種類によって色温度、演色性、明るさ、効率、寿命などが異なるので、使用目的に合ったものを選定する。

ⓒ 照明器具の選定　　照明器具は、カタログなどから器具の特性を考慮して用途にあった製品を選定する。

　　照明器具の台数は、次式より求められる。

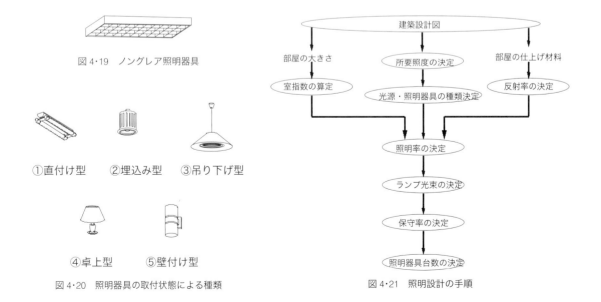

図4・19　ノングレア照明器具

①直付け型　　②埋込み型　　③吊り下げ型

④卓上型　　⑤壁付け型

図4・20　照明器具の取付け状態による種類

図4・21　照明設計の手順

$$N = \frac{E \times A}{L \times F \times U \times M}$$

E：所要照度〔lx〕JIS 照度基準などより決めた値

A：床面積〔m²〕

U：照明率　部屋の形状、室内仕上材料、照明器具の形状による値

F：ランプ光束〔lm〕光源の種類による値

M：保守率　ランプ光束の経年変化、照明器具の汚れなどによる照度の減衰を考慮した値

L：器具1台当たりのランプ本数〔本〕

ⓓ照明器具の配置　照明器具の配置は、部屋の照明目的に合った配置とする。

6 照明の点滅器

　照明の点滅器には、手動によるものと、昼光やセンサーにより自動制御されるものや、リモコンスイッチにより数カ所から1つの照明器具を点滅したり、セレクタスイッチにより1カ所から多数の照明器具を点滅したりする自動点滅器がある。図4・22 に、具体的な点滅器を示す。

表 4・18　照度基準の例（JIS Z9110-2010 による）

推奨照度	学校			事務所	
	作業学習空間	執務空間	共用空間	執務空間	共用空間
1000	精密工作、精密実験				
750	製図室			設計室・製図室、事務室・役員室	玄関ホール（昼間）
500	美術工芸制作、板書・被服教室、図書閲覧室、電子計算機室、実験実習室	保健室、研究室	会議室、放送室、厨房	診察室・印刷室、電子計算機室、調理室、集中管理室、制御室・守衛室	会議室、集会室、応接室
300	教室、体育館	職員室、事務室、印刷室	宿直室、食堂、給食室	受付	宿直室、食堂、化粧室、エレベーターホール
200	講堂		集会室、書庫、ロッカー室、便所・洗面所		喫茶室、ラウンジ、湯沸室・書庫、更衣室、便所・洗面所、電気室・機械室
150			階段		階段
100			倉庫、廊下、渡り廊下、昇降口		休憩室・倉庫、玄関ホール（夜間）、玄関（車寄せ）、廊下・エレベーター
75			車庫		
50			非常階段		屋内非常階段

注　推奨照度は、維持すべき照度であり、視作業の基準面（基準面が特定できない場合は、机上作業のときは床上80cm、座業のときは床上40cm、廊下などは床面）における平均照度を示す。

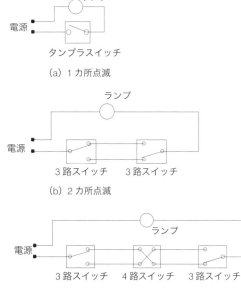

図 4・22　点滅回路の種類

4・4　通信設備

❶電話設備

電話設備は、建築物内の通信と外部の広域通信網を使うことにより、音声だけでなく情報通信手段としてデータも伝送できる。建築物のインテリジェント化が進み、電話設備はますます使いやすい設備となっている。

1）電話設備の構成

電話設備の基本的な構成は、図4・23に示すように、通信事業者からの配線および構内交換設備とそこに至る電話線などからなる。

ⓐ**交換機**　交換機はPBX（Private Branch Exchange）または主装置（ME）と呼ばれ、通信回線と内線の相互接続を自動的に行う装置である。建物の規模によって、大型のものにはPBXが、中小型のものには主装置（ME）が使用される。交換機があれば、外線を使うことなく内線通話ができる。

ⓑ**電話機**　電話機にはデジタル多機能電話機とアナログ電話機があり、多機能電話機は、交換機と連動して様々な機能が使える電話機で、アナログ電話機は交換機の機種に関係なく使用できる電話機である。

ⓒ**主配線盤（MDF）**　主配線盤とは、通信事業者からの回線をまとめ、建物内の各フロアのある主端子盤に接続するものである。

ⓓ**主端子盤（IDF）**　主端子盤は、主配線盤からの電話線を集め、各事務所へ分配するものである。

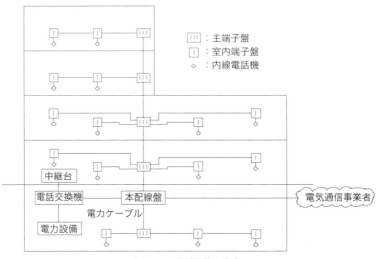

図4・23　電話設備の構成

2）電話幹線の配線

電話交換機室の主配線盤から室内端子盤までの配線は、素線の太さが 0.4〜0.65mm のケーブルが用いられ、幹線の配線方式には、表 4・19 に示すように、単独式、複式、逓減式がある。原則としてケーブルは配管内に 1 本しか通線できないため、回線数が多い場合は電気シャフト（EPS）内にケーブルラックを用いる。

3）電話機の種類

建築物内のデジタル交換機（PBX）などに接続される電話機には、ビジネスホーン（ボタン電話機）の他に、多機能電話機や放送設備を備えたもの、ファクシミリなどが接続できるものがある。

2 LAN （Local Area Network）

LAN とは、構内情報通信網のことで、同一構内や同一敷地内の限られた範囲で、コンピュータなどを相互に接続して利用するネットワークのことである。LAN では、各コンピュータからデータやプリンタを共有することができる。LAN の形態には、図 4・24 に示すように、バス（分岐）型、スター型、リング（ループ）型がある。データベース検索などのサービスを行うコンピュータをサーバといい、サービスを要求するコンピュータをクライアントという。

ⓐバス（分岐）型　　バスと呼ばれる 1 本のケーブルにコンピュータを接続したもので、設置し易いが、障害を発見することが困難である。

表 4・19　電話幹線の配線形式

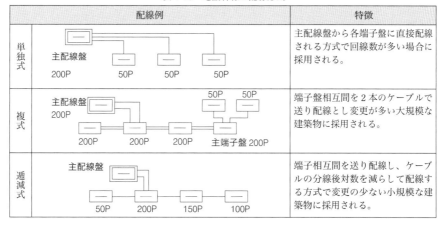

図 4・24　LAN の例

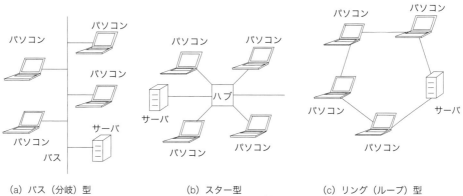

(a) バス（分岐）型　　(b) スター型　　(c) リング（ループ）型

ⓑ **スター型** ハブと呼ばれる交換装置を中心にコンピュータを接続したもので、障害が発生しても、お互い影響を受けない。

ⓒ **リング（ループ）型** コンピュータを環状に接続したもので、高速でデータを一方向に伝送することができるが、一カ所の障害がシステム全体に影響する。

❸ インターホン設備

インターホン設備とは、音声で意志の伝達を行う通信設備の一種で、電話設備と異なり電気通信事業者の回線には接続されず建築物内部などの限られた範囲の通話に使用されるものである。また、カラー液晶 TV モニター付きのものがあり、防犯上の効果も期待できる。

1）インターホンの種類

インターホンの種類には、通話方式により、プレストーク方式と同時通話方式に分けられる。プレストーク方式は、スピーカとマイクロホンを兼用し、スイッチの切り替えにより話す・聞くを交互に行うものである。同時通話方式は、スピーカとマイクロホンが別々になっており、常にお互いがスイッチ操作無しで話し合うことができるものである。また、通話網により図4・25に示すように、親子式、相互式、複合式に分けられる。

親子式は、1台の親機に任意の台数の子機を接続したものである。相互式は、親機を経由することなく各機器が直接通話することができるものである。複合式は、相互式の機器を親機としてそれに子機を接続し通信範囲を拡大したものである。

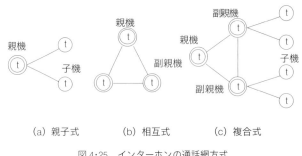

(a) 親子式　　(b) 相互式　　(c) 複合式

図4・25　インターホンの通話網方式

2）ホームオートメーション

　住宅における電話・インターホン・防災・防犯・住宅機器の情報を、1ヶ所で集中管理するものをホームオートメーション（Home Automation）設備という。外部から電話によってエアコンなど住宅内の設備機器を遠隔操作したり、住宅内や外部に設置した監視カメラの画像を携帯電話に伝えることによって、訪問者や室内の様子を確認することができる。図4・26にホームオートメーションの概念図を示す。

■4 拡声放送設備

　拡声放送設備とは、建築物内において、個人または不特定多数に対して緊急連絡や案内などの音声やチャイム、音楽などを伝達する設備である。

　拡声放送設備は、図4・27に示すように、入力装置、増幅装置、出力装置から構成される。

- ⓐ 入力装置　　マイク・再生装置などの入力部と、ミキサ、制御部などがある。
- ⓑ 増幅装置　　出力信号を増幅するアンプやイコライザなどがある。
- ⓒ 出力装置　　増幅された電気信号を音に変換する音量調整器（アッテネータ）やスピーカなどがある。

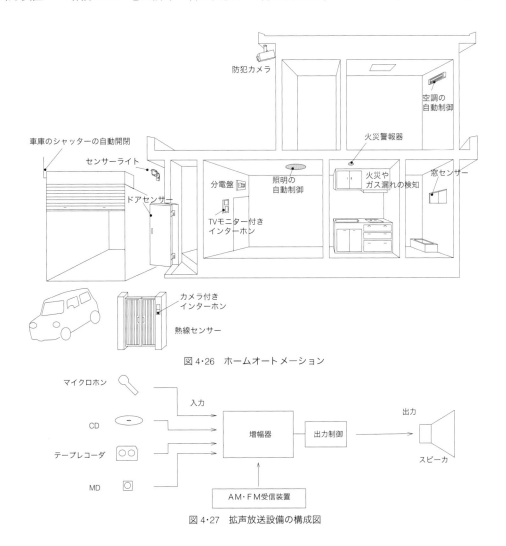

図4・26　ホームオートメーション

図4・27　拡声放送設備の構成図

5 テレビ共同聴視設備

テレビ共同聴視設備とは、図4・28に示すように、建築物内に設置された多数のテレビ受像機を1組のアンテナで受信した電波を増幅、分配して利用するものである。

1）テレビ電波の種類

テレビ電波には、地上波と衛星波があり、使用周波帯により分類される。

ⓐ 地上波　UHF（470〜770MHz）50チャンネルがある。

ⓑ 衛星波　BS（12GHz帯）8チャンネルとCS（JC−SAT、スーパーバード使用周波帯）がある。

2）受信設備の構成

受信設備には、アンテナ、増幅器、混合器、分配器、分波器、分岐器、ケーブルなどがあり、電波の種類に合わせて、選定しなければならない。

3）電波障害対策

テレビ受信において、高層建築物の近隣では電波の影や反射による電波障害がおこる。これを解消するため、高層建築物に1本のアンテナを設置して、映りの悪いTV受像機に正常な電波を送るシステムがあり、CATV（Community Antenna Television System）設備という。

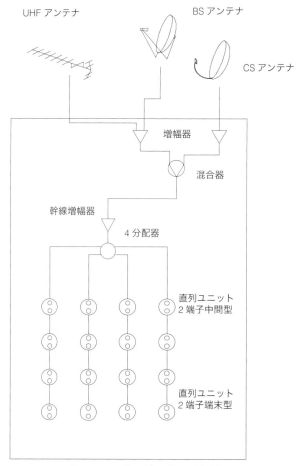

図4・28　TV共同聴視設備の配線系当図

5章　防災設備

5・1　防災設備の概要

建築物に関わる災害には、地震、台風、土砂崩れ、火災、落雷などがある。このうち、地震や台風に対しては、建築構造的に対処することが基本である。したがって、防災設備は、主として火災と落雷に対する備えであり、これらの災害に対して人命を守り、建築物の被害を最小限に留めるために設置されるものである。

火災の鎮圧に関する建築的対処としては、建築物の主要構造部の耐火性を高め、内装を不燃化し、火災を限定するために防火区画を設けることが有効である。また、消火活動上必要な進入口や敷地内通路を確保することが必要となる場合がある。設備的には、各種消火設備や消防隊の消火活動上必要な設備などを設置し、必要に応じて延焼防止のためのドレンチャーを設置する。

火災時の避難に関する建築的対処としては、避難経路の幅を十分に確保し、二方向避難に配慮し、必要に応じて避難階段などを設ける。設備的には、警報設備、誘導灯、排煙設備などを設置する。

消防法では、表5・1のように防火対象物を分類し、その規模に応じて、設置すべき消防用設備（表5・2）を定めている。

建築物への落雷は、火災の発生、人体の感電、情報機器の破損などをもたらすことがある。これらの災害を防ぐために、避雷設備を設置することが有効である。建築基準法や消防法においては、建築物を落雷から保護するために、高さが20mを超える建築物や一定量の危険物を扱う施設については、避雷設備の設置が義務づけられている。

表5・1　防火対象物の分類（消防法施行令別表第1による）抜粋

項		防火対象物の用途	項		防火対象物の用途
(1)	イ	劇場、映画館、演芸場または観覧場	(7)		小学校、中学校、高等学校、中等教育学校、高等専門学校、大学、専修学校、各種学校その他これらに類するもの
	ロ	公会堂または集会場	(8)		図書館、博物館、美術館その他これらに類するもの
(2)	イ	キャバレー、カフェー、ナイトクラブその他これらに類するもの	(9)	イ	公衆浴場のうち、蒸気浴場、熱気浴場その他これらに類するもの
	ロ	遊技場またはダンスホール		ロ	イに掲げる公衆浴場以外の公衆浴場
	ハ	風俗営業法2条5項に規定する性風俗関連特殊営業を営む店舗（ニ並びに(1)項イ、(4)項、(5)項イ、(9)項イを除く）その他これらに類するものとして総務省令で定めるもの	(10)		車両の停車場または船舶若しくは航空機の発着場（旅客の乗降または待合の用に供するものに限る）
			(11)		神社、寺院、教会その他これらに類するもの
	ニ	カラオケボックスその他遊興のための設備または物品を個室（これに類する施設を含む）において客に利用させる役務を提供する業務を営む店舗で総務省令で定めるもの	(12)	イ	工場または作業場
				ロ	映画スタジオまたはテレビスタジオ
(3)	イ	待合、料理店その他これらに類するもの	(13)	イ	自動車車庫または駐車場
	ロ	飲食店		ロ	飛行機または回転翼航空機の格納庫
(4)		百貨店、マーケットその他の物品販売業を営む店舗または展示場	(14)		倉庫
(5)	イ	旅館、ホテルまたは宿泊所	(15)		前各項に該当しない事業場
	ロ	寄宿舎、下宿または共同住宅	(16)	イ	複合用途防火対象物のうち、その一部が(1)項から(4)項まで、(5)項イ、(6)項または(9)項イに掲げる防火対象物の用途に供されているもの
(6)	イ	(1)病院のうち特定診療科名を有し療養病床または一般病床を有するもの、(2)診療所のうち特定診療科名を有し4人以上の入院施設を有するもの、(3)(1)以外の病院または(2)以外の診療所で入院施設を有するもの、(4)入院施設を有しない診療所または助産所		ロ	イに掲げる複合用途防火対象物以外の複合用途防火対象物
			(16の2)		地下街
			(16の3)		準地下街
	ロ	(1)老人短期入所施設、特別養護老人ホーム、避難が困難な要介護者を主として入居させる軽費老人ホーム・有料老人ホーム、介護老人保健施設など (2)救護施設、(3)乳児院、(4)障害児入所施設、(5)障害者支援施設（主として避難が困難な障害者等を入所させるもの）など	(17)		文化財保護法の規定によって指定され、または旧重要美術品等の保存に関する法律の規定によって認定された建造物
			(18)		延長50m以上のアーケード
	ハ	(1)老人デイサービスセンター、軽費老人ホーム（ロ(1)除く）、老人福祉センター、老人介護支援センター、有料老人ホーム（ロ(1)除く）など、(2)更正施設、(3)助産施設、保育所、児童養護施設、児童自立支援施設、児童家庭支援センターなど、(4)児童発達支援センター、情緒障害児短期治療施設など、(5)身体障害者福祉センター、障害者支援施設（ロ(5)除く）、地域活動支援センター、福祉ホームなど			
	ニ	幼稚園、特別支援学校			

5・2 消火設備

❶ 火災の種類と消火の原理

火災には、表5・3に示すように、A火災、B火災、C火災、D火災、ガス火災の5種類がある。

燃焼およびその継続には、可燃物、酸素、エネルギーの3要素のすべてが必要である。したがって、燃焼しているものを消火するためには、この3要素のいずれかを除去すればよく、消火法には表5・4に示すようなものがある。以下に述べる消火設備のうち、屋内消火栓設備、屋外消火栓設備、スプリンクラー設備などの水を用いるものは、主として冷却作用によって消火し、特殊な消火設備によるものは、主として窒息作用、希釈作用、負触媒作用などによって消火する。

❷ 屋内消火栓設備と屋外消火栓設備

1）屋内消火栓設備

屋内消火栓設備は、火災の初期に、主として建築物の利用者が消火活動を行えるように設置されるものである。屋内消火栓設備は、図5・1のように、水源、加圧送水装置、配管、消火栓箱で構成され、消火栓箱には、図5・2のようにホースとノズルなどが格納されている。種類として1号と2号があり、それぞれ表5・5に示す性能を満足しなければならない。1号消火栓は二人で操作するが、易操作性1号消火栓は、ホース径が細く、一人で操作できる。消火栓箱の設置位置は、図5・3のように各階ごとに各部分からの水平距離が、1号と広範囲型2号（2号(ロ)）は25m以内、2号(イ)は15m以内となるようにする。また、1号と2号の消火栓に代替可能なものとして、配管を行う必要がないパッケージ式のも

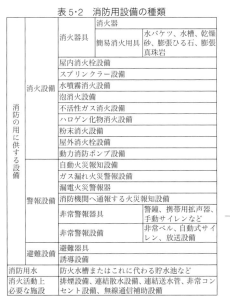

図5・1 屋内消火栓設備の構成

図5・2 屋内消火栓設備（1号消火栓）

表5・3 火災の種類

種類	内容
A火災	木材や紙などの一般可燃物が燃焼する火災で、普通火災ともいう。
B火災	石油や油脂類が燃焼する火災で、油火災ともいう。
C火災	変電室、情報処理室などの火災で、電気火災ともいう。
D火災	マグネシウムやアルミニウムなどの金属に関わる火災で、金属火災ともいう。
ガス火災	可燃性ガスの火災をいう。

表5・4 消火法の種類

種類	内容
除去消火	可燃物を除去することにより消火する方法。
冷却消火	可燃物を引火点以下に冷却することにより消火する方法。
窒息消火	酸素の供給を遮断することにより消火する方法。
希釈消火	酸素濃度または可燃物濃度を低下させることにより消火する方法。
抑制消火	燃焼の化学反応を抑制すること（負触媒作用）により消火する方法。

のがある。ただし、パッケージ型消火設備は、地階・地下街・可燃物貯蔵場所などに設置できず、各部からの水平距離を 20m 以下としなければならないなど、設置場所や配置方法が限定される。

屋内消火栓設備は、表 5・6 の防火対象物に設置する。工場・倉庫・可燃物貯蔵所には 1 号消火栓を設置し、その他の施設には 1 号または 2 号消火栓を設置することとなっているが、病院・ホテル・社会福祉施設には、操作が容易な 2 号消火栓を設置することが望ましい。

2）屋外消火栓設備

屋外消火栓設備は、建築物の低層階で発生した初期から中期の火災に対して、屋外から消火活動を行うために設けられる設備である。屋外消火栓設備は、図 5・4 のように、水源、加圧送水装置、配管、消火栓などで構成されている。消火栓は、屋外の消火栓箱に格納するほか、地上または地面下に単独で設けるが、この場合は、ノズルおよびホースの格納箱を近傍に設置する。また、消火栓の設置位置は、建築物の各部分からの水平距離が 40m 以内となるようにする。屋外消火栓設備は、表 5・7 に示す防火対象物に設置する。

3）動力ポンプ設備

動力ポンプ設備は、移動可能なポンプ、ノズル、ホースと水源からなる設備で、屋内消火栓設備、屋外消火栓設備の設置義務がある防火対象物（地下街を除く）に、これらの設備に代えて設置することができる。

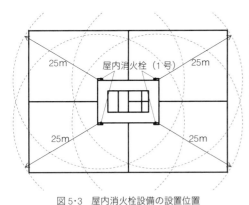

図 5・3　屋内消火栓設備の設置位置

表 5・5　屋内消火栓設備の性能

項　　目	1 号消火栓	2 号(イ)消火栓	2 号(ロ)消火栓
警戒半径 (m)	25	15	25
放水量 (L/分)	130 以上	60 以上	80 以上
放水圧力 (MPa) *1	0.17 以上	0.25 以上	0.17 以上
ホースの長さ (m)	30	20	30
水源の水量 (m³) *2	2.6×同時使用数	1.2×同時使用数	1.6×同時使用数

＊1　0.7MPa を超えないこと
＊2　同時使用数は 2 個以下

表 5・6　屋内消火栓設備を設置する防火対象物

消防令別表第 1（表 5・1）の項	延べ面積	地階、無窓階、4 階以上の階の床面積
(1)	500m² 以上	100m² 以上
(2)〜(10)、(12)、(14)	700m² 以上	150m² 以上
(11)、(15)	1000m² 以上	200m² 以上
(16 の 2)	150m² 以上	—

注 1　主要構造部を耐火構造とし、内装を難燃材料としたものはこの数値の 3 倍、主要構造部を耐火構造としたもの、または、主要構造部を準耐火構造（同等を含む）とし内装を難燃材料としたものは、この数値の 2 倍とする。
注 2　指定可燃物を一定量以上扱う防火対象物にも設置する（消防令 11 条 1 項五号）。
注 3　スプリンクラー設備などの設置により、設置が免除される（消防令 11 条 4 項）。

表 5・7　屋外消火栓設備を設置する防火対象物

建築物の耐火性	1、2 階の床面積の合計
耐火建築物	9000m² 以上
準耐火建築物	6000m² 以上
その他	3000m² 以上

注 1　同一敷地内に 2 以上の建築物（耐火建築物、準耐火建築物を除く）があり、その相互の 1 階の外壁間の中心線から、1 階 3m、2 階 5m 以下の部分があるとき、これらの建築物は一つの建築物とみなす。
注 2　スプリンクラー設備などの設置により、設置が免除される（消防令 11 条 4 項）。

3 スプリンクラー設備

スプリンクラー設備は、天井や壁面に設置した散水ヘッドや放水銃から散水または放水して消火する設備であり、図5・5のように、水源、ポンプ、配管、ヘッドなどで構成されている。スプリンクラー設備の種類には、表5・8に示すように、閉鎖型、開放型、放水型がある。

1) 閉鎖型

閉鎖型は、火災の熱によってヘッド（図5・6 (a)）が自動開放し、封入水が放出することによってポンプが起動して散水を続けるしくみになっている。寒冷地などでは、封入水の凍結による管の破損などを防ぐために、圧縮空気を封入する。また、コンピュータ室や通信室などでは、ヘッドの損傷などによる誤作動による水損事故を防ぐために、予作動式が用いられる。

2) 開放型

開放型は、ヘッドに止水機構がないもので、火災感知器または手動起動弁などと連動した一斉開放弁が開放することで、ヘッドから散水する（図5・6 (b)）。開放型は、舞台など天井が高く感熱開放では有効な消火ができない部分や、火災が急速に拡大する可燃物倉庫などに設置する。

3) 放水型

放水型は、開放的な大空間などの天井や側壁に固定式または可動式のヘッドを設置し、火災感知器の信号により空間全体または火源に向けて放水する。図5・7は、放水型のうち、可動式の放水銃を示したものである。

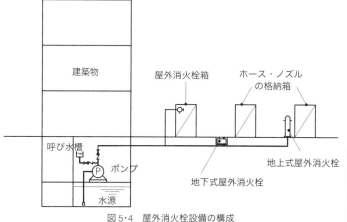

図5・4 屋外消火栓設備の構成

表5・8 スプリンクラーの種類

種類		特徴	用途
閉鎖型	湿式	ヘッドが熱気によって自動開放し、充填水が噴出するとともに、ポンプが起動し、散水を続ける。	一般建築物
	乾式	湿式と同様の構成で、充填水の代わりに圧縮空気が封入されている。	寒冷地の一般建築物、冷蔵倉庫など
	予作動式	ヘッドが感熱開放するとともに、感知器の感熱によって予作動弁を開放し、放水する。ヘッド破損による水損事故を防ぐことができる。	コンピュータ室、通信室など
開放型		放水区域の天井面に開放型ヘッドを設置し、一斉開放弁を開放することにより区域全体に一斉に放水する。	危険物収蔵庫、舞台など
放水型		感知部で火災を感知し、固定式ヘッドまたは可動式の放水銃から放水する。放水銃は、感知部で火源を感知し、火源に向けて放水することができる。	体育館、展示場など

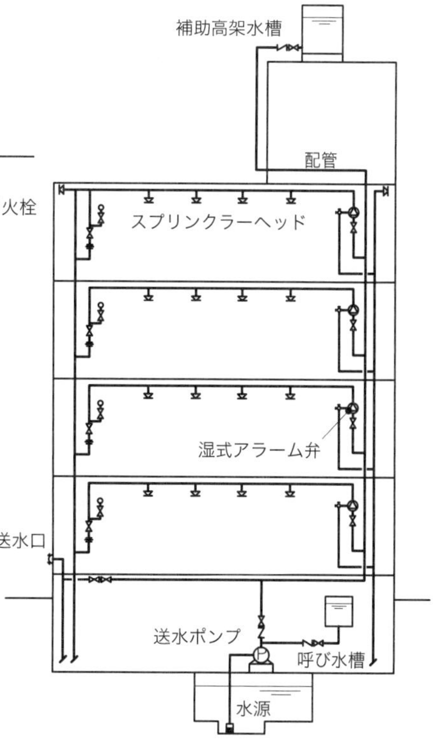

図5・5 スプリンクラー設備の構成

4）スプリンクラー設備の設置

スプリンクラー設備は、表5・9に示す防火対象物に設置する。なお、ヘッドは、設置部分の床面全体を有効に水膜で覆うことができるように、消防法令の定めにしたがって配置する。

■4 特殊な消火設備

駐車場や電気室など、油火災や電気火災が想定される場所には、次のような特殊な消火設備が設置される。なお、表5・10は、特殊な消火設備の防火対象物への適応性を示す。

1）水噴霧消火設備

水噴霧消火設備は、開放型スプリンクラーと同様のヘッドから霧状の水を噴出させ、噴霧水の蒸発による冷却作用、水蒸気の充満による希釈作用、油面の乳化作用により消火させるものである。

2）泡消火設備

泡消火設備は、泡ヘッドを天井に設け、空気泡または化学泡を放射して可燃性液体の表面をおおい、冷却作用、窒息作用により消火させるものである。

3）不活性ガス消火設備

不活性ガス消火設備は、密閉した空間に、表5・11に示すような消火剤（窒素、二酸化炭素、または窒素、アルゴンを主成分とする混合ガス）を噴出し、酸素濃度を低下させる希釈作用と冷却作用によって消火させるものである。不活性ガス消火設備は、消火剤貯蔵容器、配管、噴射ヘッドなどによって構成されている（図5・8）。

(a) 閉鎖型　　(b) 開放型

図5・6　スプリンクラーヘッドの例 (提供：ホーチキ)

(a) 大規模放水銃

(b) 中規模放水銃

図5・7　放水型スプリンクラー設備の放水銃の例
(提供：ホーチキ)

表5・9　スプリンクラー設備を設置する防火対象物

防火対象物	設置すべき部分とその規模
消防法施行令別表第1（表5・1）の(6)項イ(1)・(2)、(6)項ロ(1)・(3)の防火対象物	総務省令で定める延焼抑制機能を備える設備を有しないもの
消防法施行令別表第1（表5・1）の(6)項ロ(2)・(4)・(5)の防火対象物	・介助がなければ避難困難な者を主として入居させるもの以外は延べ面積275m²以上、かつ、総務省令で定める延焼抑制機能を備える設備を有しないもの
消防法施行令別表第1（表5・1）の(1)項の防火対象物（劇場など）	・舞台部（大道具室、小道具室を含む）の床面積が500m²（地階、無窓階、4階以上の階にあるときは300m²）以上の舞台部分
特定防火対象物*	・地階を除く階数が11階以上のものすべての階 ・平屋建を除き、延べ面積6000m²（物品販売店舗、病院は3000m²）以上のすべての階 ・地階、無窓階で床面積1000m²の階 ・4〜10階で床面積1500m²の階（ただし、(2)、(4)項は1000m²の階）
地下街	・延べ面積1000m² ・(6)項イ(1)・(2)、ロの防火対象物の部分で、総務省令で定める延焼抑制機能を備える設備を有しないもの
準地下街	・延べ面積1000m²以上、かつ、特定防火対象物が500m²以上含まれる
複合用途防火対象物	・特定防火対象物が3000m²以上のもののうち、当該特定用途が含まれる階 ・特定防火対象物が存する階（当該部分が地階、無窓階は1000m²以上の階、4〜10階は床面積1500m²以上の階（ただし、(2)、(4)項は1000m²の階））
ラック式倉庫	・天井の高さが10mを超え、かつ延べ面積700m²以上
すべての防火対象物	・11階以上の階 ・指定数量の1000倍以上の指定可燃物を扱うもののすべての階

*　多数者が出入りするものとして政令で定める防火対象物で、消防用設備の設置義務が改正された場合に、遡って適用される。

4）ハロゲン化物消火設備

ハロゲン化物消火設備は、密閉した空間に、代替フロン（HFC）を噴出し、希釈作用と負触媒作用により消火させるものである。ただし、HFC はオゾン破壊係数がゼロであるが、地球温暖化指数が大きい。

5）粉末消火設備

粉末消火設備は、粉末消火剤を噴射ヘッドまたはノズルから放射し、粉末消火剤の熱分解によって発生する二酸化炭素による希釈作用と薬剤による燃焼の抑制作用により消火させるものである。

6）フード消火設備

フード消火設備は、厨房のレンジフード部分に消火剤の噴射ノズルを設け、炭酸カリウムを主成分とする強化液などを噴射して、冷却作用や抑制作用などによって消火させるものである。

表 5·10　特殊な消火設備の適応性

防火対象物またはその部分		水噴霧消火設備	泡消火設備	不活性ガス消火設備	ハロゲン化物消火設備	粉末消火設備
飛行機または回転翼航空機の格納庫屋上にある回転翼航空機または垂直離着陸航空機の発着用施設		−	○	−	−	○
車両用の道路部分（屋上部分は 600m² 以上、その他は 400m² 以上）		○	○	○	−	○
自動車の修理または整備に使用する部分（地階または2階以上は 200m² 以上、1階は 500m² 以上）		−	○	○	○	○
駐車に使用される部分（地階または2階以上は 200m² 以上、1階は 500m² 以上、屋上は 300m² 以上）機械式駐車場（10台以上収容）		○	○	○	○	○
発電器・変圧器などの電気設備を設置する部分または鍛造場・ボイラー室・乾燥室など多量の火気を使用する部分（200m² 以上）通信機器室（500m² 以上）		−	−	○	○	○
危険物の規制に関する政令別表4で定める数量の1000倍以上の指定可燃物を貯蔵または取り扱うもの	綿花類、木毛、布・紙くず（動植物油がしみこんでいないもの）、糸、わら類、再生資源燃料、合成樹脂類（ゴム類に限る）	○	○	＊	−	−
	布・紙くず（動植物油がしみこんでいるもの）、石炭・木炭類	○	○	−	−	−
	可燃性固体類、可燃性液体類、合成樹脂類（ゴム類を除く）	○	○	○	○	○
	木材加工品、木くず	○	○	＊	＊	○

＊　全域放出方式に限る

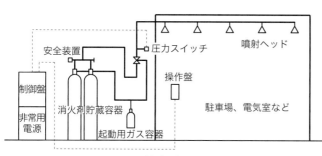

図 5·8　不活性ガス消火設備の構成

表 5·11　不活性ガス消火設備の消火剤の組成

消火剤の種類	組成		
	窒素	アルゴン	二酸化炭素
窒素	100%	−	−
IG-55	50%	50%	−
IG-541	52%	40%	8%
二酸化炭素	−	−	100%

5・3 消火活動と避難に必要な設備

■1 連結送水管と連結散水設備

1）連結送水管

連結送水管は、表5・12に示す高層建築物や大規模建築物、地下街など、消火活動が困難な建築物の内部に、消火用の水を送る管をあらかじめ設置し、円滑な消火活動が行えるようにした設備であり、送水口、配管、放水口で構成される（図5・9）。建築物の外部に設けられた双口形の送水口（図5・10 (a)）に消防ポンプ車のホースを接続して、屋内配管系統に圧力水を送り込み、消防隊が屋内の放水口（図5・10 (b)）にホースを接続して消火にあたる。

2）連結散水設備

大規模な建築物の地階や地下街は、火災発生時に濃煙のために消防隊が進入できないなど、消火活動が困難になるおそれがあるので、連結散水設備を設置する。連結散水設備は、送水口、配管、散水ヘッドで構成され、消防ポンプ車からの送水によって、地階の天井からスプリンクラーのように散水して消火する（図5・11）。散水ヘッドには、開放型と閉鎖型がある。

■2 非常コンセント設備と無線通信補助設備

1）非常コンセント設備

非常コンセント設備は、高層建築物と地下街の消火活動において、照明、排煙機、電動工具などの電源を確保するために、あらかじめ設置しておく。非常コンセント設備は、単相交流100V、15A以上の電気を供給できるもので、非常電源を必要とする。

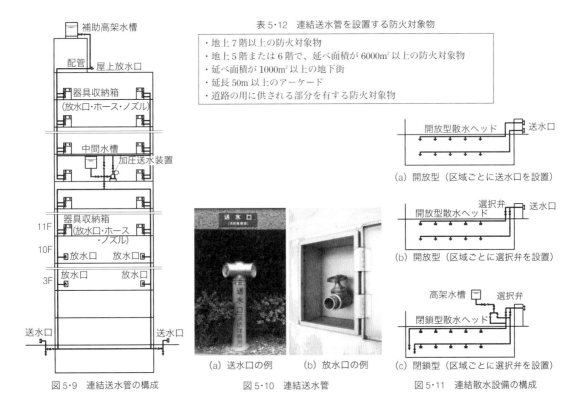

表5・12　連結送水管を設置する防火対象物
- 地上7階以上の防火対象物
- 地上5階または6階で、延べ面積が6000m² 以上の防火対象物
- 延べ面積が1000m² 以上の地下街
- 延長50m以上のアーケード
- 道路の用に供される部分を有する防火対象物

図5・9　連結送水管の構成　　図5・10　連結送水管　　図5・11　連結散水設備の構成

2) 無線通信補助設備

無線通信補助設備は、地下街の消火活動において、建築物内外の消防隊相互の無線連絡を行うために、あらかじめ設置しておく。

3 排煙設備

火災によって発生する煙と有毒ガスは、避難と消火活動を困難にし、人命を奪うことがある。したがって、一定規模の建築物（表5・13）には、排煙設備を設置し、火災発生時には迅速に排煙を行うようにする。

1）排煙方式

排煙方式には、図5・12に示すように、自然排煙方式、機械排煙方式、第二種排煙方式がある。

❶自然排煙方式 室上部の排煙口から煙突効果によって直接屋外に排煙する。スモークタワー方式は、特別避難階段の付室に設けるものであるが、タワー断面が大きい（$6m^2$以上）ため、実施例が少ない。

❷機械排煙方式 排煙機で煙を排出する方式である。給気口を適宜設けて、扉の開閉に影響が及ばないようにする。

❸第二種排煙方式 平成12年建設省告示第1437号に規定されている特殊な構造の排煙設備で、給気併用排煙方式ともいう。給気機で外気を導入し、排煙口から煙を排出させる。

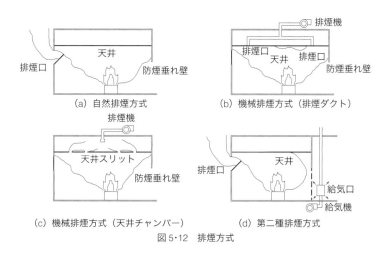

図5・12 排煙方式

表5・13 排煙設備の設置義務のある建築物・居室

建築物・居室の種類		規　模
特殊建築物	劇場、映画館、演芸場、観覧場、公会堂、集会場など	延べ面積が500m²超
	病院、診療所、ホテル、旅館、下宿、共同住宅、寄宿舎、児童福祉施設など	
	博物館、美術館、図書館	
	百貨店、マーケット、展示場、キャバレー遊技場、公衆浴場、料理店、飲食店など	
すべての建築物[*1]		階数3以上かつ延べ面積が500m²超
無窓居室[*2]		―
延べ面積が1000m²超の建築物の居室[*1]		床面積が200m²超

*1 高さ31m以下で、床面積100m²以内ごとに防煙壁で区画された居室を除く。ただし、防煙壁とは、間仕切り壁または天井面から50cm以上下方に突出した垂れ壁などで、不燃材料でつくり、または覆われたものをいう。
*2 天井または壁の上部から80cm以内の部分にある開放可能な部分の面積が、床面積の1/50未満の居室。
注　階段、昇降機の昇降路、昇降機の乗降ロビー、機械製作工場などで主要構造部が不燃材料でつくられたものなどは、排煙設備を設置しなくてよい。

2）排煙設備の構造

自然排煙方式および機械排煙方式は、以下のような構造とする。

- ❶ **防煙壁** 一般の壁のほか、天井から50cm（天井チャンバー方式の場合は25cm）以上下方に突出した垂れ壁などで、不燃材料で造りまたは覆われたものをいう。建築物は、床面積500m²以内ごとに防煙壁で区画しなければならず、この区画を防煙区画という。
- ❷ **排煙口** 防煙区画内において、各部から排煙口までの距離が30m以内になるように、天井または壁の上部に設ける（図5・13）。壁の排煙口は、天井から80cm以内かつ防煙壁下端までが有効な部分となる（図5・14）。排煙口は、直接外気に接する場合を除き、排煙ダクトに直結させる。
- ❸ **開放装置** 排煙口には、必ず手動開放装置を設ける。手で操作する部分は、図5・15に示す位置に設ける。手動開放装置と併せて、煙感知器と連動するものや遠隔操作できるものを設置してもよい。
- ❹ **排煙機** 排煙口の有効開口面積が防煙区画の床面積の50分の1未満の場合、または排煙口をダクトに接続する場合は、排煙機を設ける。排煙機は、120m³/分以上かつ防煙区画面積1m²あたり1m³（2以上の区画に係るものは、最大となる区画の床面積1m²あたり2m³）以上の排煙能力が必要である。

4 ドレンチャー

ドレンチャーは、火災時にスプリンクラーと同様の水膜をつくって延焼を防止する防火設備である。ドレンチャーは、開口部などに防火戸の代わりに設置するほか、文化財などの屋根や軒に設置する場合がある。

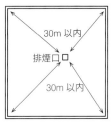

図5・13 排煙口の位置

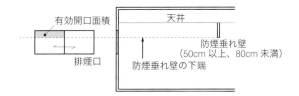

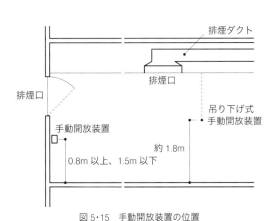

図5・15 手動開放装置の位置

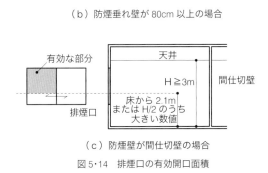

図5・14 排煙口の有効開口面積

5 非常用照明と誘導灯

1）非常用照明

建築基準法により、表5・14に示す居室およびこれらの居室から地上までの廊下や階段などには、非常用の照明装置を設置しなければならない。

照明は直接照明とし、光源には、原則として白熱灯、蛍光灯を用いる。また、床面における水平面照度が白熱灯1lx以上、蛍光灯2lx以上になるようにする。

2）誘導灯と誘導標識

誘導灯と誘導標識は、火災時などに円滑な避難が行えるように、表5・15に示す防火対象物に設置しなければならない。誘導灯には、避難口誘導灯、通路誘導灯、客席誘導灯がある（図5・16）。また、避難口誘導灯、通路誘導灯には、表5・16に示すA～C級の区分がある。

ⓐ 避難口誘導灯　避難口の上部に設置されるもので、緑色の地に白色のシンボルや「非常口」の白色文字の灯火である。シンボルは、平成11年消防庁告示第2号で示されている。

ⓑ 通路誘導灯　避難方向を示す灯火で、設置高さの規定はないが、一般に通路の壁面下部や床面に設置される。白色の地に緑色の矢印を基本とし、緑色のシンボルや「非常口」の緑色文字を併記したものが多い。階段部分のものには、避難方向の明示は不要であるが、床面照度が1lx以上となるようにしなければならない。設置する位置は、曲がり角のほか、図5・17に示すように、区分に応じた有効範囲内とする。

ⓒ 客席誘導灯　客席内の通路床面の水平面照度が0.2lx以上になるようにする。

表5・14　非常用照明の設置

設置義務のある居室など	設置が免除される部分
①建築基準法別表第1(1)～(4)項の特殊建築物（劇場、映画館、ホテル、百貨店など）の居室	・1戸建の住宅、長屋・共同住宅の住戸 ・病院の病室、下宿の宿泊室、寄宿舎の寝室・学校、体育館、ボーリング場、水泳場、スポーツ練習場など ・避難階またはその直上 ・直下階の居室で、避難上支障がないもの ・⑤のうち採光上有効に直接外気に開放された通路
②階数3以上かつ延べ面積500m²を超える建築物の居室	
③有効採光面積が床面積の1/20未満の居室	
④延べ面積が1000m²を超える建築物の居室	
⑤①～④の居室から地上に通ずる廊下や階段など	
⑥①～④に類する建築物の部分で、通常、照明装置の設置を要する部分	

表5・15　誘導灯・誘導標識を設置する防火対象物

避難口誘導灯、通路誘導灯	特定防火対象物の各階
	その他の防火対象物の地階、無窓階、11階以上の階
客席誘導灯	消防令別表第1（表5・1）の(1)項、(16)項イおよび（16の2）項内にある(1)項の用途部分
誘導標識	消防令別表第1（表5・1）の(1)～(16)項の防火対象物

表5・16　誘導灯の等級区分

区分		表示面の縦寸法	表示面の明るさ*1	平均輝度（cd/m²）*2
避難口誘導灯	A級	40cm以上	50cd以上	350以上800未満
	B級	20cm以上、40cm未満	10cd以上	250以上800未満
	C級	10cm以上、20cm未満	1.5cd以上	150以上800未満
通路誘導灯	A級	40cm以上	60cd以上	400以上1000未満
	B級	20cm以上、40cm未満	13cd以上	350以上1000未満
	C級	10cm以上、20cm未満	5cd以上	300以上1000未満

*1　表示面の平均輝度と面積の積。
*2　非常電源の場合、避難口誘導灯は100以上300未満、通路誘導灯は150以上400未満。

(a) 避難口誘導灯

(b) 通路誘導灯

(c) 階段通路誘導灯

(d) 客席誘導灯

図5・16　誘導灯の例 (提供：パナソニック)

6 避難器具

　火災時に、廊下や一般の階段、避難階段などによる避難が不可能となった場合に使用するために、収容人員が一定数以上の病院・診療所、ホテル・旅館、共同住宅、劇場、百貨店、学校などの建築物には、原則として避難器具を設置しなければならない。避難器具には、すべり台、避難はしご、救助袋、緩降機、避難橋、避難用タラップ、すべり棒、避難ロープがあり、収容人員の数に応じた個数を設置する。

5・4　警報設備

1 自動火災報知設備

1）自動火災報知設備の構成

　火災の発生を建築物の利用者に知らせるために、表5・17に示す防火対象物には自動火災報知設備を設置する。

　自動火災報知設備は、感知器、発信機、受信機、表示灯、音響装置などからなる。感知器の自動感知または発信機の人為的操作によって火災信号が受信機に伝えられ、表示灯が点灯し、警報音が鳴動する。

　自動火災報知設備において、火災の発生した区域をほかと区別して識別できる最小の単位を警戒区域といい、原則として2以上の階にわたらないようにする。警戒区域の面積は600m²（出入口から見通せる場合は1000m²）以下とし、一辺の長さは50m以下とする。

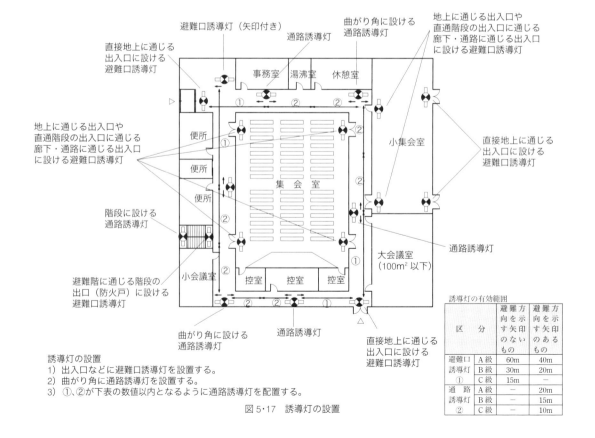

図5・17　誘導灯の設置

2）感知器

警戒区域内において、壁などで区画された部分を感知区域といい、感知区域ごとに1または複数の感知器を設置する。感知器には、図5・18に示すように、熱感知機、煙感知器、炎感知器があり、感知区域の形状（高天井、たて穴など）および感知区域内の可燃物に適応するものを設置する。

ⓐ 熱感知器　温度が一定以上になると作動するものを定温式といい、温度の上昇率が一定以上になると作動するものを差動式という。また、両方の機能を持つものに、補償式と熱複合式がある。

ⓑ 煙感知器　煙によるイオン電流の変化によって作動するものをイオン化式といい、煙による光の散乱を感知して作動するものを光電式という。また、両方の機能を持つものに、煙複合式がある。

ⓒ 炎感知器　炎から出る赤外線または紫外線を感知するものがある。日光や照明器具による感知障害を受けないようにする必要がある。

3）発信機

発信機のうち、押しボタン式のものをP型発信機（図5・19）といい、非常電話によるものをT型発信機という。

4）受信機

受信機は、防災センターなどに設置し、感知器または発信機からの信号を受け、受信機内の地区表示灯（火災発生場所を示すもの）を点灯させ、受信機内の主音響装置および建築物内の地区音響装置（非常ベル）を鳴動させる（図5・20）。

表5・17　自動火災報知設備の設置

	設置義務のある防火対象物（（ ）の番号は表5・1の項）	規模
①	(2)ニ、(5)イ、(6)イ①～③、(6)ロ、(13)ロ、(17)、(6)ハ（入居・宿泊させるもの）	―
②	(9)イ	200m²以上
③	(1)、(2)イ～ハ、(3)、(4)、(6)イ④、(6)ニ、(16)イ、(16の2)、(6)ハ（入居・宿泊させるものを除く）	300m²以上
④	(5)ロ、(7)、(8)、(9)ロ、(10)、(12)、(13)イ、(14)	500m²以上
⑤	(16の3)	500m²以上
⑥	(11)、(15)	1000m²以上
⑦	①～⑥以外で、(1)～(4)、(5)イ、(6)、(9)イの用途部分が避難階以外にあり、原則として直通階段が2以上ない場合	―
⑧	指定可燃物を貯蔵／取り扱うもの	―
⑨	(16の2)の部分で、(2)ニ、(5)イ、(6)イ①～③、(6)ロ、(6)ハ（入居・宿泊させるもの）	―
⑩	(2)イ～ハ、(3)、(16)イの地階または無窓階	100m²以上
⑪	地階、無窓階、3階以上の階	300m²以上
⑫	通信機器室	500m²以上
⑬	道路の用途部分（屋上600m²以上、その他400m²以上）　地階または2階以上で駐車場部分が200m²以上の階	―
⑭	11階以上の階	―

注　スプリンクラー設備などの設置により、設置が免除される。⑤は、(1)～(4)、(5)イ、(6)、(9)イの用途部分が300m²以上のものに限る。

図5・19　P型発信機の例
(提供：ホーチキ)

図5・20　受信機の例
(提供：ホーチキ)

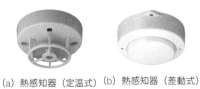

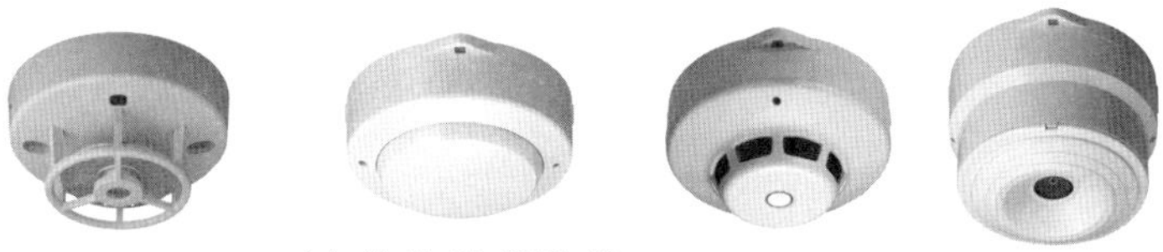

(a) 熱感知器（定温式）　(b) 熱感知器（差動式）　(c) 煙感知器　(d) 炎感知器

図5・18　感知器の例　(提供：ホーチキ)

2 その他の警報設備

1）ガス漏れ火災警報設備など

自動火災報知設備以外の警報設備として、表5・18に示すように、ガス漏れ火災警報設備、漏電火災警報器、消防機関へ通報する火災報知設備、非常警報設備および非常警報器具がある。

2）住宅用防災機器

住宅には、住宅用防災警報器または住宅用防災報知設備を設置しなければならない。前者は感知器と音響装置が一体になったものであり、後者は、感知器、受信機、音響装置からなるものである（図5・21）。感知器は、寝室、寝室のある階から直下階に通じる階段などに設置する。

5・5 避雷設備

1 避雷設備の設置

避雷設備は、落雷によって生じる大電流を、建築物と利用者および収容物に被害が及ばないように安全に地中に流すために設置する（図5・22）。建築基準法は、高さが20mを超える建築物に避雷設備の設置義務を定め、消防法は、一定数量の危険物を扱う施設に設置義務を定めているが、博物館や情報関連施設などの重要施設については、高さに関わらず避雷設備を設置することが望ましい。避雷設備の構造は、日本工業規格（JIS）A4201に適合させなければならない。

表5・18　その他の警報設備の種類

種類	消防法施行令の条項	内容
ガス漏れ火災警報設備	令21条の2	・大規模な地階や地下街などは、ガス漏れが発生した場合に大事故につながるおそれがあるので、ガス漏れ火災警報設備の設置義務がある。 ・ガス漏れ火災警報設備は、検知機、受信機、警報装置からなる。 ・検知機の設置位置は、対象ガスの比重によって異なり、比重が1未満の場合は天井面から30cm以内、比重が1を超える場合は床面から30cm以内とするほか、燃焼機器からの距離などの規定がある。
漏電火災警報器	令22条	・木造下地の鉄網入りモルタル壁などの場合、漏電によって鉄網に電流が流れ、火災が発生するおそれがある。このため、文化財、一定規模以上のホテル・旅館、共同住宅、学校などの建築物で、下地を準不燃材料以外の材料で造った鉄網入りの壁・床・天井を有するものには、漏電火災警報器を設置しなければならない。 ・漏電火災警報器は、変流器、受信機、音響装置からなる。
消防機関へ通報する火災報知設備	令23条	・住宅を除く建築物で用途に応じて500m²または1000m²を超えるものまたは地下街などには、消防機関へ通報する火災報知設備を設置する。 ・消防機関から500m以内にあるものや著しく遠方にあるものについては、設置が免除される。
非常警報設備と非常警報器具	令24条	・非常警報設備には、非常ベル　自動式サイレン　放送設備があり、非常警報器具には、警鐘、携帯用拡声器、手動サイレンなどがある。 ・ホテル・旅館、病院などで、収容人員が20人以上のものには、非常警報設備のうちいずれかを設置しなければならないなどの規定がある。

(a) 住宅用火災報知器の感知器の例

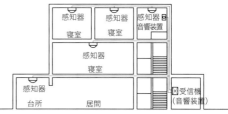

(b) 住宅用防災報知設備の設置例

図5・21　住宅用防災機器

2 避雷設備の構成

雷に対して建築物などを保護するシステム全体を「雷保護システム（LPS）」といい、外部雷保護システムと内部雷保護システムに区分される。

1）外部雷保護システム

外部雷保護システムは、受雷部、引下げ導線、接地極からなる。

ⓐ受雷部　雷撃（落雷による1回の放電）を受けるための部分で、突針、水平導体、メッシュ導体またはこれらを組み合わせた部分。

ⓑ引下げ導線　雷電流を、受雷部から接地極へ流す部分。

ⓒ接地極　大地と電気的に接触し、雷電流を大地へ放流させる部分。

2）受雷部と引下げ導線の配置

受雷部は、表5・19、図5・23に適合するように、保護角法、回転球体法、メッシュ法のいずれかを用い、またはこれらを組み合わせて配置する。引下げ導線は、電流経路が建築物などに接触しない場合は1条以上設け、電流経路が建築物などに接触する場合は、建築物の外周に沿って平均間隔が表5・20の値以下になるように2条以上設ける。また、後者の場合、引下げ導線を地表面付近と鉛直方向に20m以内ごとに水平環状導体などで相互に接続する。

3）雷保護システムの材料と寸法

雷保護システムの最小断面寸法は、雷撃電流による材料の温度上昇が建築物に影響を与えない範囲となるように、材料ごとに表5・21のように定められている。

表5・19　避雷設備の保護レベルと保護範囲

保護レベル	回転球体半径 R (m)	保護角 α (°)				メッシュ導体の幅 L (m)
		$h \leq 20m$	$h \leq 30m$	$h \leq 45m$	$h \leq 60m$	
I	20	25	—	—	—	5
II	30	35	25	—	—	10
III	45	45	35	25	—	15
IV	60	55	45	35	25	20

注1　保護レベルは一般に、危険物の貯蔵所などとくに重要な建築物はIまたはII、一般の建築物はIIIまたはIVとする。
注2　hは地面から受雷部上端までの高さとするが、陸屋根部分については、陸屋根から受雷部上端までの高さとすることができる。

図5・22　建築物に設置された避雷設備

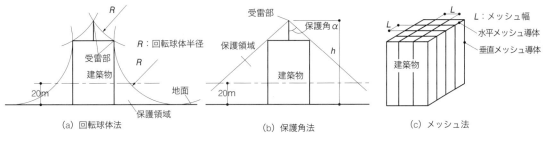

図5・23　避雷設備の景観規制

4）構造体の利用

受雷部、引下げ導線および接地極は、建築物の構造体を利用することができる。ただし、各部は一定の厚さまたは断面積を有しなければならない。

ⓐ 構造体利用受雷部構成部材　金属屋根、とい、レール、管、槽を利用することができる。

ⓑ 構造体利用引下げ導線構成部材　鋼構造の柱と梁、鉄筋コンクリート構造の鉄筋、金属製外装材などを利用することができる。鉄筋の継手部が絶縁状態になる場合は、接続金具を用いて電気的接続を確保する。

ⓒ 構造体利用接地極構成部材　地中のコンクリート内の相互接続した鉄筋や金属製地下構造物などを利用することができる。

5）内部雷保護システム

屋内外の機器が導体によって接続されている場合、落雷によって屋内に過電流（サージ）が侵入し、電子機器を破損させることがある。このような雷の電磁的影響を低減するためのシステムを内部雷保護システムという。屋内における雷保護は、主として各部を等電位化すること（等電位ボンディング）によって行う。このとき、図5・24に示すように、外部雷保護システム、建築物の金属構造体、テレビアンテナ、水道管などは、等電位ボンディングバーなどに直接接合し、電気配線、ガス管などは、サージ保護装置（SPD）を介して接続することによって等電位化を行う。

表5・20　引下げ導線の平均間隔

保護レベル	平均間隔
I	10m 以下
II	15m 以下
III	20m 以下
IV	25m 以下

表5・21　外部雷保護システムの材料の最小寸法（mm²）

部　位	銅	アルミニウム	鉄
受　雷　部*	35	70	50
引下げ導線	16	25	50
接　地　極	50	—	80

＊手すりなどを受雷部とする場合、厚さを、銅・鉄は0.5mm以上、アルミニウムは1mm以上とする。

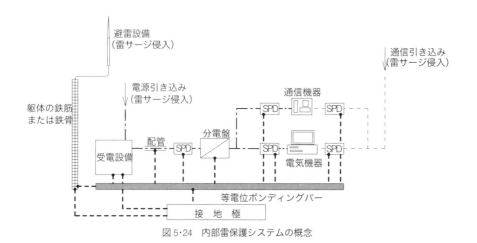

図5・24　内部雷保護システムの概念

6章 搬送設備

6・1 搬送設備の概要

搬送設備は、建築物内において人や物を鉛直方向または水平方向に移動させるためのものであり、利便性や業務の合理性、生産性などを高めるために設置される。搬送設備の種類として、エレベーター、エスカレーター、機械式駐車設備、物品搬送設備、福祉用移動設備がある。

エレベーターとエスカレーターは、多数者や重量物を搬送することで利便性などを高めることができる。機械式駐車設備は、自走式に比べて1台あたりの収納空間を小さくすることができる。物品搬送設備には、小荷物専用昇降機、ボックスコンベア、気送管などがある。建築物内の物流をこれらの機械設備に行わせることにより、業務を効率的に進めることができる。福祉用移動設備には、階段昇降機、段差昇降機、介護用リフトなどがあり、高齢者・障がい者の移動や介助を円滑に行えるようにするために設置される。

6・2 エレベーター

1 エレベーターの種類

1) 用途による分類

エレベーターは、用途により、乗用、人荷共用、寝台用、自動車用などに分類される。乗用のうち、独立住宅の居住者に限って利用できる小型のものをホームエレベーターという。また、建築物の吹抜けの部分や屋外に面してガラスなどの透明な材料を使用したものを展望エレベーター、斜面に沿って昇降するものを斜行エレベーターという。なお、自動車用は駐車設備として、天井高さが低く荷物や物品だけを昇降させる小荷物専用昇降機は物品搬送設備として、後述する。

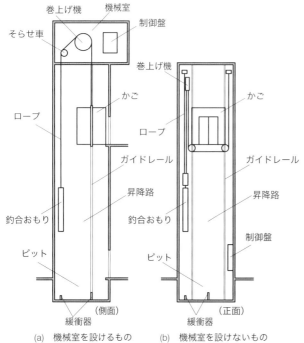

図 6・1 ロープ式エレベーター（トランクション式）の構造

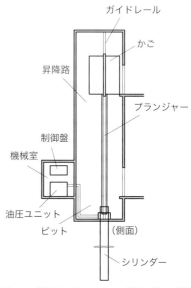

図 6・2 油圧式エレベーター（直接式）の構造

2) 速度による分類

エレベーターの定格速度は、昇降時の最高速度をいい、45m/分の低速度、60～90m/分の中速度、105m/分以上の高速度に分類される。超高層建築物における昇降に対応するために、エレベーターの高速化が進められ、1000m/分を超えるものが設置されている。

3) 構造による分類

エレベーターは、駆動方式によって、ロープ式、油圧式、リニアモーター式に分類される。

- **ⓐ ロープ式**　電動モーターによってロープを巻き上げ、かごを昇降させる（図6・1）。釣り合いおもりを用いるトラクション式とドラムにロープを巻き付ける巻胴式がある。また、トラクション式には、機械室を設けるものと機械室を設けないものがある。
- **ⓑ 油圧式**　電動ポンプで油圧を調整し、油圧ジャッキの伸縮によってかごを昇降させるもので、低層建築物に設置される。油圧式には、直接式、間接式、パンタグラフ式がある（図6・2）。
- **ⓒ リニアモーター式**　永久磁石と電磁石を組み合わせた磁気による昇降装置（リニアモーター）を釣り合いおもりの部分に取り付けて、かごを昇降させる（図6・3）。リニアモーターをかごに取り付け、鉛直・水平方向に自由に移動できるロープレスリニアモーター式の研究が進められている。

表6・1　乗用エレベーターのかごおよび昇降路の寸法（JIS A 4301-1983による）

最大定員(人)	積載荷重(kg)	かごの内法寸法(mm) 間口	奥行	高さ	昇降路の最小寸法* 間口	奥行	有効出入口寸法 幅	高さ
6	450	1400	850	2300	1800	1500	800	2100
9	600	1400	1100		1800	1750	800	
11	750		1350		1800	2000		
13	900	1600	1350		2150	2150	900	
15	1000	1600	1500		2150	2300	900	
		1800	1300		2350	2100	1000	
17	1150	1800	1500		2350	2300	1000	
		2000	1350		2550	2150	1100	
20	1350	1800	1700		2350	2550	1000	
		2000	1500		2550	2300	1100	
24	1600	2000	1750		2550	2650	1100	
		2150	1600		2700	2450		

* 柔構造ビルの場合、かごの速度に応じて50～100mmの割り増しがある。

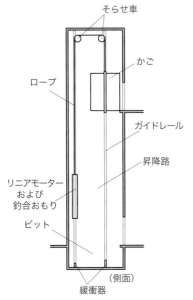

図6・3　リニア式エレベーターの構造

表6・2　昇降路の断面寸法の最小値（H12建設省告示1423、建築基準法施行令129条の9）

かごの定格速度	頂部すき間(m)	ピットの深さ(m)	機械室の高さ(m)
45m以下	1.2	1.2	2.0
45m超、60m以下	1.4	1.5	2.0
60m超、90m以下	1.6	1.8	2.0
90m超、120m以下	1.8	2.1	2.2
120m超、150m以下	2.0	2.4	2.2
150m超、180m以下	2.3	2.7	2.5
180m超、210m以下	2.7	3.2	2.5
210m超、240m以下	3.3	3.8	2.8
240m超	4.0	4.0	2.8

2 エレベーターの構造

1）かごと昇降路

ロープ式エレベーターのかごと昇降路の形状・寸法は、定員や昇降速度などによって表6・1、表6・2のようになる。かごおよび昇降路の壁、出入り口の戸は、原則として難燃材料でつくり、かごの天井には、救出用の開口部を設ける。出入口は、一般に一方向のみに設けられるが、車いすの乗降を考慮して、二方向に設けたものもある。

2）エレベーターの機械室と安全装置

機械室の床面積は、原則として昇降路の面積の2倍以上とする。また、床から天井または梁下までの高さは、表6・2の値以上とする。

エレベーターには、運転時や保守点検時に安全性を確保できるような制御装置を設ける。また、エレベーターには、かごおよび昇降路のすべての出入り口の戸が閉じていなければ、かごを昇降することができず、かごが戸の位置にない場合には、鍵を用いなければ外から開くことができないようにしなければならない。

3）ホームエレベーター

ホームエレベーターは、独立住宅の居住者に限り利用できる。かごの床面積は $1.1m^2$ 以下、昇降行程は10m以下、速度は30m/分以下、積載量は200kg以下としなければならない。

診療所、グループホーム、保育所などの小規模建築物で、利用者が限定される場合には、管理責任者の設置などを条件として、ホームエレベーターと同規模のものを設置することができる。

表6・3 非常用エレベーターの設置数

床面積*	設置数
1500㎡ 以下	1
1500㎡ を超える	1に3000㎡以内を増すごとに1を加えた数

* 高さ31mを超える部分において、床面積が最大になる階の床面積

表6・4 非常用エレベーターの基準

- 乗降ロビーは、原則として各階で屋内と連絡する。
- 乗降ロビーは、バルコニーまたは外気に向かって開く窓もしくは排煙設備、連結送水管の放水口などを設ける。
- 昇降路は、耐火構造の床および壁で囲む。
- 各階乗降ロビーおよびかご内の通常の制御装置の機能を停止させ、かごを避難階またはその直上・直下階に呼び戻す装置を設ける。
- 上記の他、建築基準法施行令第129条の13の3第3項〜第12項を満足しなければならない。

(a) 直線形

(b) 曲線形

図6・4 エスカレーターの例

4）非常用エレベーター

高さ 31m を超える建築物には、非常用エレベーターを設置しなければならない。設置数は、高さ 31m を超える部分の床面積が最大になる階における床面積に応じて、表 6・3 の数値以上としなければならない。また、非常用エレベーターは、一般のエレベーターの構造基準を満たしたうえで、表 6・4 の事項を満足するものでなければならない。

6・3　エスカレーター

❶ エスカレーターの種類

エスカレーターは、エレベーターより輸送能力が大きく、大規模な店舗やホテル、駅、事務所などに設置される。エスカレーターは、昇降路の形態や配列方式によって、次のように分類される。

1）形態による分類

ⓐ **階段式**　踏段（ステップまたはパレット）が段状になって昇降するもので、図 6・4 のような直線型と曲線型がある。

ⓑ **移動歩道**　踏段が段状にならないもので、一般に「動く歩道」と呼ばれ、図 6・5 のような水平型と傾斜型がある。傾斜型にはパレット式とベルト式があり、傾斜角度はパレット式が 0〜12°、ベルト式が 0〜15° である。

2）配列方式による分類

エスカレーターの配列方式には、図 6・6 に示すように、並列断続式、並列連続式、交差式がある。

(a) 水平型

(b) 傾斜型

図 6・5　移動歩道の例

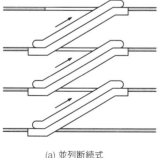
(a) 並列断続式

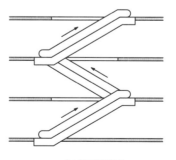
(b) 並列連続式

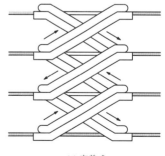
(c) 交差式

図 6・6　エスカレーターの配列方式

2 エスカレーターの構造

エスカレーターは、一般に、最上部の駆動機で踏段チェーンに動力を伝え、踏段を昇降させる。

勾配は、原則として30°以下とする。勾配が30°を超えるものは、勾配を35°以下とし、揚程を6m以下としなければならない。踏段の定格速度（毎分の実移動距離）は、勾配によって表6・5のとおりとする。なお、移動歩道は一般に30〜40m/分で運転されているが、長距離用の可変速のものは、中間部の速度が120〜160m/分になるものがある。

踏段の幅は、原則として1.1m以下とするが、1.1mを超え1.6m以下とする場合は、勾配を4°以下としなければならない。また、手すりを踏段と同一方向に同一速度で連動するようにし、安全に停止させるための装置や、人が挟まれた場合などに自動的に停止する装置などを設置し、安全に運行できるようにしなければならない。地震時に脱落しないことも重要である。

6・4　駐車設備

1 駐車施設とは

駐車設備は、車両を載せる台（駐車パレット）を鉛直方向や水平方向に移動して、駐車施設内に車両を出入庫するものをいう。また、駐車設備によって車両を収納する駐車場を、機械式駐車場という。機械式駐車場は、車路を必要としないので、同一空間容積内に自走式駐車場より多くの車両を収納することができる。

表6・5　エスカレーターの定格速度

勾　配	定格速度
8°以下	50m/分以下
8°を超え30°以下	45m/分以下
30°を超え35°以下	30m/分以下

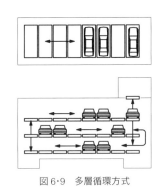

図6・9　多層循環方式

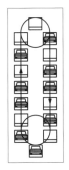

図6・7　垂直循環方式

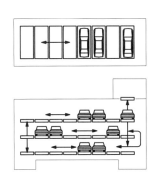

図6・8　水平循環方式

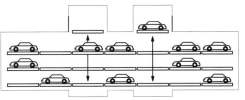

図6・10　パスル方式

❷駐車設備の種類

駐車設備には、駐車パレットを鉛直または水平に循環移動する方式と、車両搬器を移動して駐車棚に収納する方式がある。

1）駐車パレットを循環移動する方式

ⓐ **垂直循環方式**　駐車パレットをタワー状の駐車空間で鉛直方向に回転循環させる方式で、タワー方式、メリーゴーラウンド方式ともいう（図6・7）。

ⓑ **水平循環方式**　駐車パレットを水平循環させる方式で、リフトを併用すれば、多層化することもできる（図6・8）。

ⓒ **多層循環方式**　駐車パレットを2～5層程度設け、各層の駐車パレットの水平循環とリフトによって循環させる方式（図6・9）。

ⓓ **パズル方式**　前後左右に移動できる駐車パレットを用い、リフト部分から出入庫させる方式（図6・10）。

ⓔ **二段方式・多段方式**　2～3層の駐車パレットを鉛直方向に移動し、地上から直接車両を出入庫する方式で、小規模の駐車場に用いられる（図6・11）。

2）車両搬器を移動する方式

ⓐ **エレベーター方式**　駐車パレットを車両用エレベーターで昇降させ、駐車棚にスライドさせて収納する方式（図6・12）。

ⓑ **エレベータースライド方式**　駐車パレットを車両用エレベーターで鉛直および水平方向に同時に移動させ、駐車棚に収納する方式（図6・13）。

ⓒ **平面往復方式**　車両搬器が水平に移動し、駐車棚にスライドさせて収納する方式で、多層化することもできる（図6・14）。

図6・11　二段方式の駐車場の例

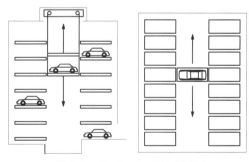

図6・13　エレベータースライド方式

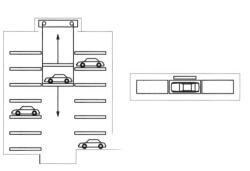

図6・12　エレベーター方式

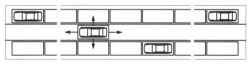

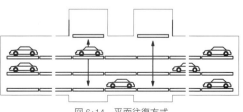

図6・14　平面往復方式

6・5 物品搬送設備

❶ 小荷物専用昇降機

物品搬送のための昇降機のうち、かごの水平投影面積が 1m² 以下で、天井高さが 1.2m 以下のものを小荷物専用昇降機という。小荷物専用昇降機は、レストラン、ホテル、病院、工場などにおいて、食品、リネン、書類などを鉛直方向に運搬するもので、図 6・15 のようにテーブル型とフロア型がある。

小荷物専用昇降機は、安全性を確保するために、昇降路内のすべての出し入れ口の戸が閉じていなければかごを昇降することができず、かごが戸の位置にない場合には鍵を用いなければ外から開くことができないようにしなければならない。

❷ ボックスコンベア・自走式台車・気送管

1) ボックスコンベア

ボックスコンベアは、図書館、事務所、病院などにおいて、書籍、書類などを搬送するもので、20〜50kg 程度の物品をボックスに収納し、図 6・16 のように、鉛直搬送装置と水平コンベアによって鉛直・水平方向に搬送する設備である。鉛直搬送装置は、ロープ式リフトまたはチェーンでフレームを循環させる形式のものが用いられ、水平移動は、ベルトコンベアまたはローラーコンベアが用いられる。

(a) テーブル型

(b) フロア型

図 6・15 小荷物専用昇降機の例
(提供：日立ビルシステム)

図 6・16 ボックスコンベアの例 (提供：日本シューター)

2）自走式台車

自走台車は、事務所や病院において、書類、薬品、検体などを搬送するもので、10kg程度までの物品をコンテナに収納し、図6・17のように天井と壁に設置されたレールに沿って搬送する設備である。

3）気送管

気送管は、病院や事務所などにおいて、検体、医薬品、書類などを搬送するもので、図6・18のように建築物内の室間を管で結び、物品を入れたカプセル（気送子）を空気圧によって搬送する設備である。小型のものは1〜2kg程度、大型のものは3〜5kg程度の搬送能力がある。

6・6 福祉用移動設備

❶福祉用移動設備とは

高齢者や車いす使用者にとって階段や段差は移動上の大きな障害となるので、先に述べたエレベーターやエスカレーターのほか、階段昇降機や段差昇降機を設置して移動の円滑化を図る必要がある。また、高齢者などを介護する場合に、介護者の身体的負担を軽減するために、介護用リフトが用いられる。本書では、これらの福祉関連の移動・搬用設備を福祉用移動設備と呼ぶ。

(a) ステーション

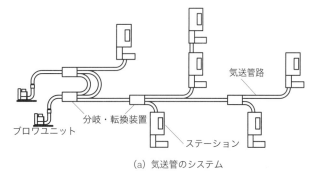

(a) 気送管のシステム

(b) 分岐合流装置

(b) 気送管　　(c) ステーション

図6・18　気送管の例 (提供：日本シューター)

図6・17　自走台車の例 (提供：日本シューター)

2 福祉用移動設備の種類

1) 階段昇降機と段差解消機

ⓐ階段昇降機　既存の建築物において、エレベーターの設置が難しい場合に、既設の階段に沿って設置され、図6·19に示すように、いすを昇降させる。

ⓑ段差解消機　段差に対してスロープによる対応が難しい場合などに設置し、車いすを鉛直方向に昇降させるものを段差解消機（鉛直型）といい、図6·20（a）に示すように、車いすが載るパレットを油圧によって昇降させる。また、図6·20（b）に示すように、階段に沿ってパレットを昇降させるものもあり、段差解消機（斜行型）または車いす用階段昇降機という。

2) 介護用リフト

介護用リフトは、高齢者の医療・介護施設や住宅において、要介護者の身体を上方に吊って水平移動するもので、天井走行リフトと入浴用リフトがある。

ⓐ天井走行リフト　天井に固定されたレールに沿って、寝室と便所や浴室との間を移動するもの。

ⓑ入浴用リフト　浴室内で洗い場と浴槽を移動するもので、天井トランスファー型と支柱型がある。

(a) 使用時

(a) 鉛直型

(b) 不使用時

図6·19　階段昇降機の例 (提供:リフテック、スギヤス)

(b) 斜行型

図6·20　段差解消機の例 (提供:リフテック、スギヤス)

索　引

あ

アクティブ型サイレンサ …………96
圧縮機 ……………………………87,88
圧縮熱量 …………………………88
アッテネータ ……………………135
圧力水槽 …………………………27
圧力水槽方式 ……………………22,23,27
圧力調整装置 ……………………69
アルカリ蓄電池 …………………119
泡消火設備 ………………………142

イオン化式 ………………………149
イコライザ ………………………135
1号消火栓 ………………………139,140
一次処理工程 ……………………62
1日予想給水量 …………………24,26
移動歩道 …………………………157
色温度 ……………………………128
インターホン設備 ………………134
インターロック …………………118
インテリアゾーン ………………110
インテリジェントビル …………114
インバートます …………………55

ウェア ……………………………58
ウォーターハンマー ……………29,32
動く歩道 …………………………157
雨水 ………………………………46
雨水浸透トレンチ ………………59
雨水浸透ます ……………………59
雨水槽 ……………………………56
雨水立て管 ………………………59,60
雨水配管 …………………………59
雨水ます …………………………55
雨水横枝管 ………………………60
雨水横主管 ………………………60
雨水利用 …………………………16

エアチャンバー …………………29
液化石油ガス ……………………69
エコウィル ………………………43
エコキュート ……………………43
エコジョーズ ……………………42
エスカレーター …………………157
エスカレーターの配列方式 ……157
エネファーム ……………………43
エネルギー代謝率 ………………75
エネルギーの使用の合理化に関する法律
　　……………………………………15
エレベーター ……………………154
エレベータースライド方式 ……159
エレベーターの定格速度 ………155

エレベーター方式 ………………159
塩化ビニル被覆鋼管 ……………70
演色性 ……………………………128
遠心式送風機 ……………………95
鉛直搬送装置 ……………………160

オイル阻集器 ……………………54
横流式送風機 ……………………95
オール電化住宅 …………………114
屋外消火栓設備 …………………140
屋内消火栓設備 …………………139
汚水 ………………………………46
汚水処理 …………………………62
汚水ます …………………………55
汚水槽 ……………………………56
オゾン層の破壊 …………………12
汚泥処理 …………………………62
オフセット ………………………49
温室効果 …………………………12
温熱4要素 ………………………75
温熱6要素 ………………………75

か

加圧送水装置 ……………………139,140
外気負荷 …………………………106
外気冷房 …………………………108,111
介護用リフト ……………………162
階段式 ……………………………157
階段昇降機 ………………………162
回転球体法 ………………………151
外部雷保護システム ……………151
開放回路 …………………………94
開放型 ……………………………141
開放式 ……………………………71
開放式冷却塔 ……………………89
開放装置 …………………………146
架橋ポリエチレン管 ……………28,39
各個通気方式 ……………………57
拡声放送設備 ……………………135
かご ………………………………156
火災報知設備 ……………………150
加湿装置 …………………………93
ガス給湯機 ………………………42
ガス設備 …………………………68
ガスタービン ……………………118
ガスの種類 ………………………69
ガス漏れ火災警報設備 …………71,150
ガス漏れ警報器 …………………71,72
活性汚泥法 ………………………62
家庭用コージェネレーションシステム…
　　……………………………………43
加熱装置 …………………………38

加熱装置の能力 …………………44
ガバナ ……………………………69
雷保護システム …………………151
乾き空気 …………………………78
管トラップ ………………………52
簡易専用水道 ……………………32
簡易ボイラ ………………………41
還気 ………………………………93
換気 ………………………………98
換気効率 …………………………100
換気設備 …………………………9,98
換気方式 …………………………99
乾球温度 …………………………78,82
管径 ………………………………32,35,50,60,70
換算排水面積 ……………………60
間接照明 …………………………129
間接排水 …………………………47
幹線 ………………………………120
感知器 ……………………………148,149
感知区域 …………………………149
カンデラ …………………………128
貫流ボイラ ………………………40
管路係数 …………………………34

機械換気 …………………………98
機械式駐車場 ……………………158
機械式排水方式 …………………47
機械排煙方式 ……………………145
器具給水単位 ……………………33
器具給水負荷単位 ………………33
器具排水管 ………………………47
器具平均排水量 …………………50
希釈作用 …………………………139
基準一次エネルギー消費量 ……15,109
気送子 ……………………………161
輝度 ………………………………128
逆サイホン作用 …………………30
客席誘導灯 ………………………147
逆止め弁 …………………………29
キャンバス継手 …………………96
給気併用排煙方式 ………………145
吸収液 ……………………………90
吸収器 ……………………………90
吸収式冷凍機 ……………………90
給水圧力 …………………………25
給水管径 …………………………32
給水方式 …………………………22
給湯機 ……………………………42
給湯量 ……………………………44
給排気方式 ………………………70
給排水衛生設備 …………………9,18
キュービクル式 …………………115

給湯温度	37
給湯ボイラ	40
凝縮器	87,88,90
凝縮熱量	88
業務用自動ガス遮断装置	72
局所換気	99
局所式	38
局部照明	129
許容圧力損失	32,34,35
許容最大排水面積	60
許容電流	120
緊急ガス遮断装置	72
緊急ガス遮断弁	71
金属管工事	123
金属製可とう電線管工事	124
金属ダクト工事	123
空気処理装置	77
空気調和設備	9,74
空気調和方式	83
空気齢	100
空調機負荷	106
クーリングタワー	89
クライアント	133
グリース阻集器	54
車いす用階段昇降機	162
グローブバルブ	29
黒管	70
クロスコネクション	30
警戒区域	148
計器用変成器	117
契約電力	115
ゲートバルブ	29
ケーブル工事	123
下水処理場	21
煙感知器	149
煙複合式	149
減圧弁	25
嫌気性微生物	62
顕熱	79
顕熱比	82
顕熱負荷	104,105
コイル	92
広域循環方式	65
鋼管	48
交換機	132
好気性微生物	62
公共下水道	47
公共用水域	47
交差式	157
硬質塩化ビニル管	28,48
工場廃熱	16
合成樹脂管工事	123

光束	128
光電式	149
光度	128
合流式	46
合流式下水道	47
交流電動機	126
コージェネレーション	16,112,118
氷蓄熱	111
コールドショック	76
小型ボイラ	41
小荷物専用昇降機	160
個別式	77,83
個別循環方式	65
ゴミ焼却熱	16
コンクリート管	48
コンセント	125

さ

サージ保護装置	152
サーバ	133
サーモスタット	77,97
再生器	90
作業量	75
サステイナビリティー	14
雑排水	46
雑排水槽	56
差動式	149
さや管	28
さや管ヘッダ工法	39
産業用空調	74
散水ヘッド	141
酸性雨	13
三相3線式	123
三相誘導電動機	126
三相4線式	123
自家用発電設備	118
時間最大予想給水量	24
時間平均予想給水量	24,26
敷地雨水管	60
仕切り弁	29
軸流式送風機	95
軸流吹出し口	96
自己サイホン作用	53
自然換気	98
自然排煙方式	145
自然冷媒ヒートポンプ給湯機	43
自走台車	161
湿球温度	78
実効温度差	103
室内顕熱負荷	105
室内潜熱負荷	105
自動火災報知設備	148
始動法	126
四方弁	92

湿り空気	78
湿り空気線図	79
斜行エレベーター	154
遮断器	117
斜流式送風機	95
車両搬器	159
ジャンクションボックス	124
住戸中央式	39
住宅用防災警報器	150
住宅用防災報知設備	150
重力式排水方式	47
主処理工程	66
樹脂ライニング鋼管	28
受信機	148,149
受水槽	22,26
受電電圧	115
受電方式	115
受変電設備	115
需要家	114
需要率	121
瞬間式	40
瞬時最大給水流量	32,33,35
省エネルギー	15,16,108,109
消火栓箱	139,140
浄化槽	62
蒸気圧縮式冷凍機	87
小規模貯水槽水道	32
消極的快適	74
昇降路	156
常時換気システム	100
浄水場	21
照度	128
照度基準	130
蒸発器	87,88,90
消防用設備	138
照明設備	128
照明発熱負荷	104
照明率	131
白管	70
真空式温水発生機	41
伸縮継手	39,94
進相コンデンサー	117
人体負荷	104
伸長通気方式	57
新年間熱負荷係数	15
新有効温度	76
森林破壊	13
水撃作用	29
水質基準	21
水蒸気分圧	78
垂直循環方式	159
水道直結方式	22
水道本管	22
水平コンベア	160

索引

水平循環方式 …………………159	太陽熱温水器 …………………43	定常流量法 …………………49
スイベルジョイント …………94	太陽熱利用給湯システム ………43	定風量単一ダクト方式 ……83,84
すきま風負荷 …………………105	高置水槽 …………………26	電圧降下 …………………121
スケルトン・インフィル方式 ……11	高置水槽方式 …………22,23,26	電気温水器 …………………42
スター型 …………………134	ダクタイル鋳鉄管 ……………28	電気シャフト …………………133
ステンレス管 …………………70	ダクト …………………95,106	電気設備 …………………10,114
ステンレス鋼管 ………………28	たけのこ配管 …………………49	電気貯湯式給湯ボイラ …………40
砂阻集器 …………………54	多層循環方式 …………………159	電磁開閉器 …………………127
スプリンクラー設備 ……………141	多段方式 …………………159	電線こう長 …………………121
スプリンクラーヘッド …………142	立ち消え安全装置 ……………71	展望エレベーター ……………154
すべり …………………127	立て樋 …………………59	電流減少係数 …………………120
スポットネットワーク方式 ……115	玉形弁 …………………29	
スモークタワー方式 …………145	単一ダクト方式 ………………83	銅管 …………………28
	単効用吸収式冷凍機 …………91	同期速度 …………………127
制御装置 …………………77	段差解消機 …………………162	同時使用率 …………………44,70
清浄度 …………………74	単相3線式 …………………122	等電位ボンディング …………152
成績係数 …………………89	単相2線式 …………………122	動力設備 …………………126
生物化学的酸素要求量 …………64	単相誘導電動機 ………………126	動力ポンプ設備 ………………140
生物処理工程 …………………66	暖房負荷 …………………101,107	特殊通気継手方式 ……………57
生物膜法 …………………62	断路器 …………………117	特殊排水 …………………46
石油給湯機 …………………42		都市ガス …………………69
積極的快適 …………………74	地域熱供給 …………………112	吐水口空間 …………………30
設計一次エネルギー消費量 ……15	地域冷暖房 …………………16	トラクション式 ………………155
設計用給湯量 …………………44	置換換気 …………………100	トラップ …………………52
絶対湿度 …………………79,82	地球の温暖化 …………………12	トラップます …………………55
接地極 …………………151	地区循環方式 …………………65	ドラムトラップ ………………52
接地工事 …………………125	蓄電池設備 …………………119	ドレンチャー …………………146
雪氷冷熱 …………………16	蓄熱空調 …………………108,111	
全空気方式 …………………83	蓄熱槽 …………………111	な
全水方式 …………………83,85	窒息作用 …………………139	内線規定 …………………120
潜熱 …………………79	着衣量 …………………75	ナイトパージ …………………111
潜熱回収型ガス給湯機 …………42	チャッキバルブ ………………29	内部雷保護システム …………152
潜熱負荷 …………………104,105	中央式 …………………77,83	鉛蓄電池 …………………119
全般拡散照明 …………………129	中間水槽 …………………25	逃し通気管 …………………58
全般換気 …………………99	駐車設備 …………………158	2号消火栓 …………………140
専用水道 …………………31	駐車パレット …………………158,159	二次処理工程 …………………62
	鋳鉄管 …………………48,70	二重効用吸収式冷凍機 …………91
掃除口 …………………55	超過率 …………………82	二重ダクト方式 ………………83
送水口 …………………144	直接照明 …………………129	二重トラップ …………………53
相対湿度 …………………79	直流電動機 …………………126	二段方式 …………………159
送風機 …………………94	貯水槽水道 …………………32	日射遮蔽係数 …………………102
ゾーニング …………………25,110	直結増圧方式 …………………22,23	日射熱取得 …………………102
阻集器 …………………54	直結直圧方式 …………………22	熱感知機 …………………149
測光量 …………………128	貯湯式 …………………40	熱貫流率 …………………103
		熱源装置 …………………77
た	通気管 …………………57	熱源負荷 …………………106
第一種機械換気 ………………99	通気管径 …………………58	熱交換器 …………………92
大気汚染 …………………13	通気立て管 …………………58	熱電併給 …………………112
第三種機械換気 ………………99	通気方式 …………………57	ネットワークプロテクタ ……116
代謝熱 …………………75	通気横管 …………………58	熱負荷 …………………74
第二種機械換気 ………………99	通信設備 …………………132	熱複合式 …………………149
第二種排煙方式 ………………145	通路誘導灯 …………………147	燃料電池 …………………16,92,119
太陽エネルギー ………………16		
太陽光発電 …………………16	定温式 …………………149	ノングレア照明器具 …………130
太陽電池 …………………118	定常流量 …………………50	

は

排煙機	146
排煙口	145,146
排煙設備	145
排煙方式	145
配管用鋼管	70
排水立て管	47
配水管	21,22
排水管	48
排水管径	49
排水管選定線図	50
排水口空間	47
排水再利用	16,65
排水設備	46
排水槽	56
排水立て管	49
排水方式	46
排水ポンプ	56
排水ます	47,55
排水横枝管	47,49
排水横主管	47,49
配線用遮断器	127
配電方式	120
バイパスファクタ	80
ハイブリッド換気システム	100
バキュームブレーカー	30
バス型	133
バスダクト工事	124
パズル方式	159
バタフライ弁	29
パッケージ型消火設備	140
パッケージ空調機方式	86
発光ダイオード	129
パッシブ型サイレンサ	96
発信機	148,149
破封	52,57
ハロゲン化物消火設備	143
搬送設備	10,154
搬送装置	77
パンタグラフ式	155
半密閉式	71
ピーク時予想給水量	24,26
ヒートアイランド現象	14
ヒートポンプ	43,92
比エンタルピー	79
引込管ガス遮断装置	72
引下げ導線	151
非常警報器具	150
非常警報設備	150
非常コンセント設備	144
非常用エレベーター	157
非常用照明	147
比体積	36
必要換気量	98
必要水圧	25
避難器具	148
避難口誘導灯	147
ヒューズガス栓	71
ヒューミディスタット	77,97
表示灯	148
標準有効温度	76
避雷器	117
避雷設備	138,150
ファンコイルユニット方式	85
フィルター	93
封水	52
封水深	53
フード消火設備	143
不活性ガス消火設備	142
吹出し現象	53
福祉用移動設備	161
ふく流吹出し口	96
負触媒作用	139
プラスター阻集器	54
プリベンティブ・メンテナンス	11
フレキシブル管	70
ブレストーク方式	134
フロアダクト工事	124
分岐回路	121
粉末消火設備	143
分流式	46
分流式下水道	47
閉鎖型	141
平面往復方式	159
並列断続式	157
並列連続式	157
ヘッダー方式	28
ペリメーターゾーン	86,110
変圧器	117
ベンド継手	94
変風量単一ダクト方式	83,84
変流量制御	94
ボイラ	41
方位別ゾーニング	110
防煙区画	146
防煙壁	146
防火対象物	138
防災設備	10
防振支持材	96
放水型	141
放水口	144
放水銃	141
膨張管	37
膨張水槽	37
膨張弁	87,88
飽和水蒸気圧	79
ホームエレベーター	154,156
ホームオートメーション	135
ボール弁	29
保健用空調	74
保護角法	151
保守率	131
補償式	149
ボックスコンベア	160
炎感知器	149
ポリエチレン管	28,70
ポリブデン管	28,39
ポンプ	94
ポンプ直送方式	22,23

ま

マイクロガスタービン	118
マイコンメーター	71
前処理工程	62,66
巻数比	117
巻胴式	155
膜処理工程	66
摩擦損失	25
マルチパッケージ方式	86
水−空気方式	83,86
水資源賦存量	20
水使用時間率	33
水蓄熱	111
水の体積膨張	36
水の密度	36
水噴霧消火設備	142
密閉回路	94
密閉式	71
密閉式冷却塔	89
未利用エネルギー	16,108
無圧式温水発生機	41
無線通信補助設備	145
メッシュ法	151
毛管現象	53
毛髪阻集器	54
モリエ線図	88

や

夜間換気	108,111
油圧式	155
湧水槽	56
誘導標識	147
誘導サイホン作用	53
誘導灯	147
溶存空気	37

用途別ゾーニング	110
横樋	59
予作動式	141
予想給水量	24
予測不快者率	76
予測平均温冷感申告	76
余命	100

ら

ライティングダクト	125
ライティングダクト工事	124
リターンエア	93
リニアモーター式	155
流量線図	35
リング（ループ）型	134
ループ通気方式	57
ルーフドレン	59
ルームエアコン	86
ルーメン	128
ルクス	128
冷却作用	139
冷却塔	89
冷暖房設備	9
冷暖房負荷	101
冷凍効果	88
冷媒	86,87,88,90
冷媒方式	83,86
冷房負荷	101,106
レジオネラ菌	38
連結散水設備	144
連結送水管	144
漏電火災警報器	150
ロープ式	155
ろ過工程	66
露点温度	79
炉筒煙管ボイラ	40

わ

わんトラップ	52

アルファベット・略語など

BEMS	11,112
BEST	112
BF	80
BOD	64
BOD除去率	64
BS	136
CATV設備	136
CAV方式	84
CD管	123
COP	89,109
CS	136
ET*	76
ETD	103
HEPAフィルター［へぱふぃるたー］	93
LAN	133
LED	129
LPガス	69
P型発信機	149
PAL*	15,110
PBX	132
PE管	70
PF管	123
PLS管	70
PMV	76
PPD	76
SET*	76
SGP管	70
SMASH	112
SPD	152
T型発信機	149
UHF	136
ULPAフィルター［うるぱふぃるたー］	93
VAV方式	84
Y－△始動（スターデルタ始動）	127

● 執筆者

大西正宜（おおにし まさのり）
1981年、大阪大学工学部建築工学科卒業
大阪府立西野田工科高等学校　建築都市工学系建築システム専科教諭
一級建築士
著書に『環境と共生する建築25のキーワード』『住みよい家―快適・環境・健康』（以上、学芸出版社）、共著書に『新しい建築の製図』『初めての建築環境』『初めての建築法規』『〈建築学テキスト〉建築製図』『〈建築学テキスト〉建築行政』（以上、学芸出版社）、『建築法規用教材』（(社)日本建築学会）、『建築計画』『環境工学基礎』（実教出版）など。

乾　孝士（いぬい たかし）
1973年、近畿大学理工学部機械工学科卒業
大阪府立布施工科高等学校　建築設備系設備システム専科教諭
共著書に『初めての建築設備』（学芸出版社）、『図説建築用語事典』（実教出版）など。

大和義昭（やまと よしあき）
2002年、京都府立大学大学院生活科学研究科住環境科学専攻修士課程修了
国立呉工業高等専門学校　建築学科　准教授
博士（学術）
一級建築士
共著書に『建築計画』（実教出版）など。

建築設備　基本を学ぶ

2015年11月10日　第1版第1刷発行

編著者　大西正宜
著　者　乾孝士・大和義昭
発行者　前田裕資
発行所　株式会社　学芸出版社
　　　　京都市下京区木津屋橋通西洞院東入
　　　　〒600-8216　電話075・343・0811
　　　　http://www.gakugei-pub.jp/
　　　　E-mail　info @ gakugei-pub.jp
オスカーヤマト印刷／新生製本
装丁：KOTO DESIGN Inc. 山本剛史
© 2015 大西正宜・乾孝士・大和義昭
Printed in Japan　ISBN 978-4-7615-2606-1

JCOPY　〈(社)出版者著作権管理機構委託出版物〉
本書の無断複写は著作権法上での例外を除き禁じられています。複写される場合は、そのつど事前に、(社)出版者著作権管理機構（電話03-3513-6969、FAX 03-3513-6979、e-mail: info@jcopy. or. jp）の許諾を得てください。
本書を代行業者等の第三者に依頼してスキャンやデジタル化することは、たとえ個人や家庭内での利用でも著作権法違反です。